Jesus Changes Everything

그리스도가 만드신 차이

Jesus Changes Everything

Originally published in English as *Jesus Changes Everything*, by Stanley Hauerwas
Copyright © 2025 by Plough Publishing House
This translation published by arrangement with Plough Publishing House
Walden, NY 12586, U.S.A.

This Korean translation edition © 2025 by Duranno Ministry, Seoul, Republic of Korea
All rights reserved.

이 한국어판의 저작권은 Plough Publishing House와 독점 계약한 두란노서원에 있습니다.
신 저작권법에 의하여 한국 내에서 보호받는 저작물이므로 무단 전재와 무단 복제를 금합니다.

그리스도가 만드신 차이

지은이 | 스탠리 하우어워스
엮은이 | 찰스 무어
옮긴이 | 이지혜
초판 발행 | 2025. 10. 22.
2쇄 발행 | 2025. 11. 17.
등록번호 | 제1988-000080호
등록된 곳 | 서울특별시 용산구 서빙고로65길 38
발행처 | 사단법인 두란노서원
영업부 | 02)2078-3333 FAX | 080-749-3705
출판부 | 02)2078-3330

책값은 뒤표지에 있습니다.
ISBN 978-89-531-5174-1 03230

독자의 의견을 기다립니다.
tpress@duranno.com   www.duranno.com

두란노서원은 바울 사도가 3차 전도 여행 때 에베소에서 성령 받은 제자들을 따로 세워 하나님의 말씀으로 양육하던 장소입니다. 사도행전 19장 8-20절의 정신에 따라 첫째 목회자를 돕는 사역과 평신도를 훈련시키는 사역, 둘째 세계선교TIM와 문서선교단행본·잡지 사역, 셋째 예수문화 및 경배와 찬양 사역, 그리고 가정·상담 사역 등을 감당하고 있습니다. 1980년 12월 22일에 창립된 두란노서원은 주님 오실 때까지 이 사역들을 계속할 것입니다.

그리스도가 만드신 차이

우리 사는 세상에 시작된 새로운 질서

스탠리 하우어워스

두란노

// Contents //

티시 해리슨 워런의 서문 ㅣ
탈기독교 시대에 울려 퍼지는 예언자적 목소리　　012

엮은이의 글 ㅣ
스탠리 하우어워스 읽기　　026

Part 1

예수님을 따른다는 것

새로운 눈과 귀가 필요한 오늘의 제자도

01 변혁적인 하나님의 역사 속으로   041
02 때로는 풍랑 속에서 물 위를 걷는 일   046
03 예수님이 곧 하나님 나라   051
04 그리스도 이야기에 동참하기   055
05 인간적 사랑만으로는 부족한 길   061

Part 2

하나님 나라의 복음

그리스도 안에서 우리에게 열린 새로운 질서

06 하나님이 가능케 하시는 불가능한 일   071
07 팔복, 하나님 나라의 삶을 보여 주는 약속   075
08 이미 우리 가운데 임하신 '온전함'을 바라볼 때   081
09 기존 질서를 뒤엎는 하나님 나라의 의   089

Part 3

세상 속의 교회

하나님의 대안적 사회로서의 교회 공동체

10 교회, 하나님의 새 언어	097
11 진실하게 말하며, 진실하게 살아가며	104
12 자선을 실천하는 공동체	110
13 교회 안에서 다시 태어나는 가정	117

Part 4

하나님 나라의 경제

나눔과 신뢰로 사는 법

14 부와 부자에 대한 성경적 시각	129
15 불의하고 불공정한 현실 속에서	138
16 이웃의 필요에 대한 우리의 책임	142
17 가난한 이들과 함께하는 교회	146

Part 5

십자가로 이루는 평화

폭력의 세상에 화해의 씨앗 뿌리기

18 거짓 평화를 깨는 용기 155
19 칼 대신 십자가를 지니고 164
20 비폭력의 길, 위험이 따르는 모험 169
21 상상력의 해방, 전쟁 없는 세상 175

Part 6

증언의 정치

세상 속에서 하나님 나라를 살아 내는 교회

22 교회의 첫 번째 과제, 교회가 되는 것   185
23 세속 정치 질서를 뛰어넘는 예수의 왕권   192
24 탈기독교 세계에서의 기독교 정치   199
25 그리스도가 만드신 차이   205

출처   211
참고 문헌   214

신학자의 과제는

그리스도인이 되는 일을 어렵게 만드는 것이다.

동시에 그리스도인이 되지 않는 일도

똑같이 어렵게 만드는 것이다.

다시 말해, 그리스도인이 된다는 것이

어떤 차이를 만들어 내는지를 보여 주고,

그 차이가 그리스도인이 아닌 이들에게도 흥미로우면서

동시에 도전이 될 수 있음을 드러내는 방식으로

기독교를 설명하는 것이다.[+]

티시 해리슨 워런의 서문

예언자적 목소리

탈기독교 시대에 울려 퍼지는

스탠리 하우어워스는 전설 같은 존재다. 그는 유머러스하면서 통찰력도 깊다. 미국 텍사스 소도시의 노동자 가정에서 자란 영향으로, 그의 신학은 투박하면서도 솔직하여 우리의 마음을 끝까지 붙잡아 둔다. 그에게 신학은 추상적인 게임이 아니다. 전문 용어와 세련되지만 진부한 말로 무장한 전문가들끼리 벌이는 경쟁이 아니다. 상대를 누르기 위해 점수를 따는 길도, 기독교 이야기를 우리 입맛에 맞게 왜곡하는 방식도 아니다. 그에게 신학이란 우리에게 살아가는 방법을 가르쳐 주는 이야기를 배우는 것이다.

그래서 하우어워스의 저술은 사람들의 삶에 특별히 중요하고도 지극히 내밀한 영역에까지 영향을 미쳤다. 나는 하우어워스의 책을 읽고 나서 아이를 갖기로 결심한 부부를 여럿 알고 있다(부활 후에 얼마나 많은 사람이 하우어워스를 만나, 자기 부모에게 깨달음을 주셔서 감사하다고 인사할지 궁금해진다). 또 뼛속까지 텍사스 사람의 후손인 내가(우리 조상이 살던 집의 벽난로 선반에는 가보로 내려오는 소총이 걸려 있었다) 하우어워스 덕분에 평화주의자가 되었다. 내 친구 중에는 하우어워스의 책에 감명을 받아 신학을 공부하겠다고 신학교에 진학한 이도 있다. 그의 말은 사람을 바꾼다.

그는 도발적이지만 도발하는 것 자체가 목적은 아니다. 오히려 그는 우리를 다시 예수님의 도전적인 말씀과 교회로 이끈다. 교회는 복잡한 세상 한복판에서 우리 삶의 구체적인 모습으로 예수님을 따르는 법을 배우려는 평범한 사람들이 모인 공동체다. 그는 예수님을 따르는 일은 항상 대가가 따르며, 삶에 대한 우리의 기대감을 대부분 해체한다는 점을 분명히 한다.

―

나는 1990년대 후반에 대학에 다니면서 스탠리 하우어워스의 책을 처음 접했다. 그의 책들은 내 영혼에 구조적인 변화를 불러왔다. 그의 작품은 삶의 지형을 바꾸어 놓았다. 내가 세상을 바라보는 방식을 변화시켰다.

나는 1990년대, 진보 성향이 강한 텍사스주 오스틴에서 자랐다. 그리스도인이었던 나는 '가족의 가치'를 되찾겠다고 나선, 이른바 '도덕적 다수'(moral majority)에 대해 잘 알고 있었다. 다시 말해, 문화 전쟁이 무엇인지 익히 알고 있었다. 하지만 나는 그 모든 것에 상당히 냉소적이었다. 물론 하나님이 공화당원이거나 민주당원이라고 생각한 적은 단 한 번도 없었다. 하지만 내가 어디에 서야 할지 알 수 없었고, 그리스도인으로서 미국 사회에서 어떻게 신실하게 살아가야 할지도 몰랐다.

정치적 좌파나 우파에 헌신하는 데 별 관심이 없었다. 하지만 중도주의의 줄을 타려 애쓰는 완고한 중도파가 되는 쪽에도 그다지 흥미를 느끼지는 못했다. 그것은 예수님의 삶의 방식과 너무도 달라 보였기 때문이다(제국에 의해 고문을 받고 처형된 중도주의자는 극히 드물다). 간단히 말해, 내게는 기독교적 정치신학이 부족했고, 교회 문화를 포함한 이 시대 문화가 제시하는 대안들에도 회의적일 수밖에 없었다.

교회의 가장 중요한 사회적 과제는 교회가 되는 것이라는 하우어워스의 주장은 길 잃은 등반가 같던 내게 신뢰할 만한 나침반이 되어 주었다. 교회가 '다른 종류의 나라'를 구체적으로 보여 주는 대안적 공동체요, 그 나라에 대한 충성이 가장 진정한 정치적·사회적 책임이라는 개념은 신선한 바람처럼 다가왔다.

그 후 20년이라는 시간 동안 나이를 먹고, 안수를 받고, 예수님을 따르는 길을 꾸준히 걸어오면서 나는 교회가 교회된다는 것이 그리 단순한 문제가 아님을 깨달았다. 그래서 오늘날 하우어워스의 목소리가 그 어느 때보다 절실하다. 그의 글들이 지금 이 시점에서 더욱 긴급하고 중요하게 다가오는 것도 바로 그 때문이다. 하우어워스의 목소리는 교회가 교회의 정체성을 기억하고, 지금 이 순간에도 교회로서 살아가는 법을 배우도록 도와주기 때문이다.

미국 정치가 독설에 찬 유사 종교적 갈등으로 변질된 현실을 생각하면, 한때 '도덕적 다수'를 자처하던 그리스도인들의 잘못된 과거는 이제 거의 순진하게까지 느껴진다. 오늘날 많은 그리스도인이 정치적으로 맞은편에 있는 사람들을 철천지원수로 본다. 그러나 좌파든 우파든 '온유한 자가 되고, 애통하는 자가 되며, 내 한쪽 뺨을 친 사람에게 다른 뺨도 돌려 대고, 원수를 사랑하라'는 산상수훈의 급진적인 요청들이 시대에 뒤떨어진 명령이라는 데는 어느 정도 암묵적으로 동의하는 듯하다. 심지어 다른 뺨을 돌려 대는 방식은 더는 효과가 없고 이제는 되받아쳐야 한다고 노골적으로 말하는 그리스도인들도 있다.

물론 하우어워스도 다른 뺨을 돌려 대는 방식이 효과가 없었다는 점을 분명히 한다. 단, 그 '효과'라는 것이 우리나 우리 자녀에게 고난과 희생이 없는 안락한 삶, 우리 시대의 문화적 기대와 정치적 범주에 깔끔하게 들어맞는 삶을 만들어 준다는 의미라면 말이다.

예를 들어, '내 한쪽 뺨을 친 사람에게 다른 뺨도 돌려 대고, 원수를 사랑하라'는 예수님의 부르심은 더 넓은 사회 속에서 하나님 나라 대사로 살아가기로 헌신한 공동체를 통해 구현될 때에야 비로소 의미가 있다. 그리고 이는 사도 베드로가 말한 것처럼, 우리가 "거류민(aliens)과 나그네"라는 뜻이리라(벧전 2:11). 그 밖에 다른 어떤 의미가 있든, 결국 우리가 세상 어디에서도 완전한 편안함을 느끼지는 못하리라는 사실을 암시한다.

하우어워스의 말 가운데 가장 강렬하게 다가온 것은, 그리스도인들에게서 고난을 제거하는 것은 그들이 예수님을 따라 십자가에 갈 수 없다고 말하는 것과 같다는 주장이다. 그는 오늘날 교회가 '감상주의' 때문에 약해졌다고 지적한다. 우리와 우리 자녀들이 신앙으로 인해 겪게 될 고난을 기꺼이 받아들이지 않으려 한다는 것이다. 십자가를 피할 수만 있다면 수단과 방법을 가리지 않는다.

또한 하우어워스는 어떤 정당이든 상관없이, 통제권을 쥐려는 그리스도인들의 모든 시도는 결국 교만과 폭력에 기대는 세속성으로 이어질 수밖에 없음을 일깨워 준다. 그가 이 책에서 말하듯이, 전쟁과 폭력이 요구하는 희생은 모두 제단에서 치르는 희생 제사에 '반(反)하는 전례'(counter-liturgies)다. 십자가에서 드려진 예수 그리스도의 희생과, 우리가 성찬을 통해 그 영단번(once-for-all)의 희생에 참여하는 것은 폭력으로 치러지는 인간의 희생이 거짓되고 우상숭배적인 것임을 폭로한다.

그리스도인인 우리를 형성하는 이야기는 예수님이 이미 모든 것을 다스리고 계신다는 진리를 분명히 말하며, 이 사실을 깨달을 때에야 우리는 단순히 '예수님을 존경하는 사람'에 머무르지 않고 '그분을 따르는 참된 제자'가 될 수 있다. 이를 증명하기 위해 권력을 과시하거나 정치적 수단을 동원할 필요는 없다. 오히려 교회인 우리는 예수님이 십자가에서 이미 이루신 이야기를 살아 내야 한다.

하나님 나라를 가져온 건 우리가 아니다. 미국도, 서구 사회도, 민주주의 정치도 아니다. 예수님이 바로 하나님 나라를 가져오신 분이며, 사실 그분 자신이 육신을 입은 그 나라다. 놀랍게도 예수님은 철저한 약함을 통해 그 진리를 드러내신다.

이 모든 내용은 철저하게 반문화적이고, 반관습적이기까지 하다. 하우어워스는 가장 좋은 의미에서 반관습적인데, 그가 새로운 무언가를 말해서가 아니라 성경을 진지하게 받아들이는 데서 오는 불편함을 감수하고 우리에게도 그렇게 하라고 요청하기 때문이다. 대다수 그리스도인, 특히 서구 사회 그리스도인들은 예수님의 가르침을 왜곡해 '좋은 삶'에 대한 자신의 탐색에 끼워 맞추는 경우가 많다. 우리는 자아실현과 아메리칸드림의 실현에서 하나님을 우리의 동맹으로 삼고, 그분의 가르침이 불러오는 엄연한 결과에서 스스로를 보호하려 한다.

하지만 우리 문화에서 죄(transgression)가 주로 개인이 '자신에게 충실한지 여부'라는 관점에서 논의된다면, 하우어워스는 분명히 그런 개인주의에서 벗어나 특정한 공동체로 우리를 부르고 있다. '교회'가 정말 중요하다고 믿지 않는다면, 하우어워스의 다른 모든 말은 이해하기 힘들 것이다. 교회에 대한 관점이 매우 중요하다. 하우어워스는 "교회에 사회 윤리가 있는 것이 아니라, 교회가 곧 사회 윤리"라고 주장한다. 취약한 사람과 장애인과 어린아이들을 환영하는 능력, 진리를 말하는 능력, 후하게 베푸는 능력, 인간 신체의 한계와 거룩함을 존중하는 능력, 세상과 '다르게' 사는 능력, 원수를 사랑하는 능력은 모두 예수님의 부활에서 비롯된 윤리가 구체적으로 드러난 것이다.

이런 종류의 제자도는 선거에서 이기거나, 흠잡을 데 없이 완벽한 가정을 꾸리거나, 승진을 위한 전략이 아니다. 오히려 하우어워스가 말하듯이, 그것은 "우주의 결을 따라" 사는 것이며, 그렇기에 풍성한 삶으로 나아가는 낯선 길이다.

교회가 이 윤리를 구현하는 방식은 상황에 따라 다르고 즉흥적 성격을 띤다. 어떤 면에서 "교회로 존재하는 것"은 모든 세대에 보편적이며 시대를 초월해 계속되는 부르심이지만, 그 구체적인 내용과 실천 방식은 우리 이웃의 필요와 특정 시기에 특정 교회의 강점과 약점에 따라 달라질 것이다. 물론 성령의 능력으로 이 모든 것을 분별해야 한다.

그러나 교회가 교회 된다는 의미는 문화 전쟁에서 어느 한 편을 드는 것도, 중도적인 입장을 찾아내는 것도 아니다.

또한 정치에 무관심하거나 침묵하라는 뜻도 아니다. 오히려 우리는 모든 시대의 교회와 대화하며, 삶의 모든 영역에 다른 방식으로 접근하는 대안적 공동체가 되는 법을 함께 배운다. 여기서 '다른 방식'이란 창조·타락·구속·완성의 이야기와 실천으로 형성된 방식을 의미한다.

그리스도께서 이 세상에 속하지 않은 나라, 권력이 아닌 진리에 기초한 나라의 왕으로 세상에 오셨을 때, 로마도 교회를 둘러싼 헬레니즘 문명도 그분의 나라를 이해할 수 있는 범주가 없었다. 초기 그리스도인들은 제국을 직접 돕거나 옹호하는 데 관심이 없었고, 이방 신전의 희생 제사에 참여하지도 않았다. 그래서 어떤 면에서는 그들이 정치에 무관심한 것처럼 보였을 수 있다.

그러나 하우어워스가 이 책에서 썼듯이, 교회가 정치적이기 위해서는 그리스도인들이 살상을 거부해야 한다. 초기 교회는 어떤 세속적 대의에 대한 충성으로 얻을 수 있는 것과는 철저하게 다른 종류의 평화에 관심이 있었다. 그리고 이 희한한 정치 공동체는 세상에 복음의 씨앗을 뿌리게 되었다.

우리도 초기 그리스도인들처럼 이 시대의 정치적 범주와 전제, 요구에 저항하라는 부르심을 받고 있다. 교회가 예배를 위해 모여 공동으로 행하는 일이야말로 교회의 가장 근본적이고 중요한 정치적 행위다. "예수가 주(主)"이심을 선포하는 것은 특정 정당과는 무관하지만, 진정한 정치적 영향력을 가진다. 우리는 다른 나라의 시민으로서 그 나라의 윤리를 드러내라는 부르심을 받는다.

―

하우어워스는 담대하게 이 비전으로 우리를 초대하며, 오늘날 우리 시대와 문화 가운데서 그 비전이 어떤 모습일지를 보여 준다. 그는 여전히 만연한 기독교 민족주의를 해체하면서도, 기독교 진보주의와 그것이 복음을 우리 문화의 구미에 맞게 제시하기 위해 추구하는 방식에 일침을 가한다. 그는 우리 모두에게 전혀 다른 것을 요청하는데, 그것은 곧 그리스도의 십자가가 형성한 공동체, 자기 정체성을 잃지 않으면서도 타인을 환영하는 공동체, 하나님의 영으로 빚어졌기에 이 세상이 도무지 이해할 수 없는 공동체다.

또한 하우어워스는 교회가 하나의 이야기에 의해 형성되어야 한다는 사실을 우리에게 다시금 일깨워 준다. 다시 말해, 신학의 중요성을 상기시킨다. 그가 지적한 대로, 제대로 훈련받지 못한 기독교 목회자와 지도자들은 제대로 훈련받지 못한 외과 의사만큼이나 큰 해악을 끼친다.

최근 한 강연에서 그는 누구나 한 번쯤 들어 봤을 법한 이 상투적인 말을 날카롭게 꼬집었다. "사람들은 당신이 자기들을 얼마나 아끼는지를 알기 전에는, 당신이 얼마나 많이 아는지에 신경 쓰지 않는다." 교회와 목양실은 지나치게 단순화되어 목회자는 그저 사람 좋은 상담가에 지나지 않고, 교회의 일은 대개 모든 사람에게 행복과 희망을 주는 것이 되어 버렸다.

하우어워스에게는 이런 식의 상냥한 신앙을 상대할 시간이 없다(혹여 기분 좋은 영적 위안을 주로 추구하는 사람이라면, 하우어워스는 피하는 편이 나을 것이다). 그는 우리가 신학적으로 사고해야 한다고 강조한다. 우리의 생각과 모든 삶 전체 그리고 삶의 모든 영역을 대하는 방식이 예수님 이야기로 깊고 의미 있게 형성되어야 한다는 것이다. 그의 말을 오래 곱씹다 보면 상투적인 표현들과 진부한 문구들을 녹여 내는 용해제처럼 느껴진다. 그리고 그 어느 때보다도 지금 이것이 필요하다.

오늘날 사람들은 기독교 신앙을 해시태그(#)에 담길 수 있는 논쟁으로 축소하고 싶어 하는 경우가 많다. 그러나 하우어워스가 이 책에서 탁월하게 말하듯이, 진정한 신학은 예수님을 믿는 일을 '더 어렵게' 만든다. 그는 우리가 예수님 이야기로 빚어지기(형성되기) 위해 애써야 한다는 것을 안다. 그렇게 하지 않으면 우리는 그에 못 미치는 다른 이야기들로 빚어질 것이다.

형편없는 신학은 단순히 영적 실수로 치부될 수 없다. 그것은 교회 공동체를 왜곡한다. 그런 신학은 잔혹함을 낳고 그리스도인으로서의 덕을 기르지 못하도록 가로막는다. 형편없는 신학은 우리를 예수님의 제자로 만드는 대신 단순히 그분을 존경하는 사람으로 만든다.

하우어워스가 잘하는 일은, 겉으로 상반되어 보이는 당파적 견해를 가진 사람들 사이에서 종종 공유되는 깊은 논리를 드러내는 것이다. 그는 우리가 대개 당연하게 여기는 것들에 도전한다. 예를 들면, 개인의 자율성과 권리, 핵가족의 우상화, 개인 정체성의 중요성, 낭만적 사랑의 감상주의 같은 것들이다. 그런 면에서는 '신앙'의 감상주의 또한 마찬가지다.

우리 문화의 모든 '편'이 공유하는 그 깊은 논리에 도전하면서, 하우어워스는 안일한 사고를 거부하고 손쉬운 해답을 논파한다. 오히려 그는 기독교가 진실을 말할 수 있게 하는 사고와 언어의 엄격함을 요구한다고 주장한다. 하우어워스의 말들은 늘 나를 생각하게 만들며, 다르게 생각하도록 가르쳐 준다.

―

하우어워스는 신학적으로 범주화하기 어려운 인물이다. 가톨릭-재세례파-성공회 신자라고 할 수 있을까? 하지만 그 이유가 그가 지역 교회의 필요성에 대해 모호하거나 무책임한 태도를 보이기 때문은 아니다. 오히려 하우어워스가 제시하는 신앙이 폭넓은 기독교 사상 전통을 바탕으로 형성된 일종의 보편적 신앙이기 때문이다. 따라서 그의 교회관은 모든 사람에게 도전이 될 것이다.

하우어워스는 예수님이 이 땅에 한 백성, 한 정치 공동체를 세우기 위해 오셨다는 사실을 내게 상기시켜 준다. 이것이 바로 복음의 일부다. 교회는 세상에서 계속되는 그리스도 이야기의 일부다. 또한 하우어워스는 교회가 회개하고 거듭나는 것이 언제나(지금도) 가능하다는 것도 내게 상기시켜 준다. 사실 그가 이 책에서 말하듯이, 교회가 서구 사회에서 지위와 인기를 빠르게 잃고 있는 이 탈기독교 시대야말로 그리스도인이 된다는 것의 의미를 재발견할 최적의 시기인지도 모른다.

남편과 나는 오늘날의 우리 사회를 "탈기독교 세계(post-Christendom)이자 기독교 이전 상태(pre-Christian)"로 자주 묘사하곤 한다. 이는 사람들이 복음을 새롭게 들을 수 있을지 모른다는 희망을 암시한다. 이 말은 하나님이 여전히 우리 마음과 우리 이웃, 친구들, 다른 교인들의 마음을 찾고 계신다는 뜻이다. 지금까지의 '기독교적 서구 사회'라는 망상이 사라지고, 종교와 무관하다고 밝히는 이들이 늘어 가는 오늘의 상황 속에서 예수님의 제자들은 오랫동안 복음을 규정하고 왜곡해 온 체면, 권력, 정치적 예속, 민족주의의 덫에서 벗어나 복음을 선포하고 실천하고자 노력할 수 있다.

이는 우리 삶을 드릴 가치가 있을 만큼 초대형 프로젝트다. 그리고 이 프로젝트에서 스탠리 하우어워스는 예수님의 길을 찾고 그분이 세우시고 사랑하시는 교회가 되도록 우리를 이끄는 데 중요한 목소리를 계속해서 내고 있다.

티시 해리슨 워런(Tish Harrison Warren) : 북미 성공회 사제이자 작가. 저서로 《오늘이라는 예배》, 《밤에 드리는 기도》 등이 있다. 〈뉴욕 타임스〉(*The New York Times*) 주간 뉴스레터 필자로도 활약했다. 남편과 세 자녀와 함께 텍사스주 오스틴에 거주하고 있다.

엮은이의 글

스탠리 하우어워스 읽기

이 책을 준비하면서 스탠리 하우어워스에게 그의 자료를 좀 볼 수 있을지 물었다. 그는 듀크대학교(Duke University) 기록 보관소로 가 보라고 했다. "사서에게 내가 당신을 보냈다고 말하면 무슨 자료든 다 볼 수 있을 겁니다."

기록 보관소에 가니, 사서는 내게 특별 허가가 필요하다면서(나는 허락을 받았다고 확인해 주었다), 하우어워스 박사의 자료가 워낙 방대해 완벽하게 정리되지는 않았다고 설명했다. 사서가 어디서부터 열람을 시작할 것인지 물었다. 1985-1998년 자료부터 시작하는 게 좋을 듯했다. 그리고 나흘 후, 나는 무려 40상자에 달하는 자료를 훑어볼 수 있었다. 내가 더 보겠다고 마음만 먹는다면 80상자가 더 기다리고 있었다.

하우어워스는 뭘 좀 발견한 게 있는지 궁금해했다. 내가 몇 가지 짤막한 정보를 공유했더니 깜짝 놀란 척하며 "내가 그런 말을 했다고요?"라고 반응했다.

하우어워스의 말은 사람들의 허를 찌르는 것으로 유명하다. 그가 일부러 사람들을 도발하려 한다거나, 고리타분한 질문에 새로운 답변을 내놓는다는 뜻은 아니다. 그의 의도는 "그리스도인들이 스스로를 진지하게 그리스도인으로 받아들이도록 강하게 밀어붙여 소박한 혁명을 일으키는 것"이다. 이 책의 목적도 마찬가지다. 그리스도인들이 관습적인 사고방식과 삶의 방식에서 벗어나 그리스도께 더 충실하게 살아가도록 자신의 기독교 신앙에 대해 다시 생각해 보게 하는 것이다.

하우어워스가 경험한 바로는, 그의 글이 오히려 사람들이 그를 진지하게 받아들이지 못하게 만들었다. "사람들은 내 주장이 너무 과장돼서 사실일 리가 없다고 생각한다." 이 책에 나오는 다음 메시지들을 예로 들어 보자.

- ☞ 복음은 사랑을 다루는 것이 아니라 예수 그리스도의 이야기다.
- ☞ 다른 이들이 고난받을 권리를 빼앗는 것은 가장 심각한 형태의 불친절이다.
- ☞ 오늘날 결혼 생활이 불행한 사람들은 결혼에 헌신하지 않아서가 아니라, 결혼에만 헌신하기 때문이다.
- ☞ 부자이면서 예수님의 제자라면 문제가 좀 있다.
- ☞ 예수님을 따르는 일은 결코 안전하지 않다.
- ☞ 우리가 솔직하다면, 〔가룟〕 유다에게 공감할 것이다.
- ☞ 전쟁은 하나님을 제거하려는 욕망이다.
- ☞ 기독교의 핵심은 제대로 된 적을 만드는 것이다.
- ☞ 그리스도인들은 혁명가이지만, 그 혁명은 이미 이루어졌고 우리가 그 혁명이라고 믿는다.

이 문장들이 당신의 관심을 사로잡지 못하거나 적어도

무슨 뜻인지 궁금하게 만들지 못한다면, 이 책은 당신을 위한 책이 아니다. 하우어워스는 결코 딱딱하거나 음울하지 않지만 진지한 것만은 분명하다. 예수님은 모든 것을 바꾸신다! 그분은 그저 좋은 분만은 아닌데, 우리를 우리 자신에게서 구원하시기 때문이다.

—

스탠리 하우어워스는 1940년 7월 24일, 미국 텍사스주 북부의 작은 마을 플레전트 그로브(Pleasant Grove)의 한 노동자 계층 가정에서 태어났다. 아홉 살 때부터 여름마다 벽돌공 아버지를 도와 일했지만, 집을 떠날 때까지 자신이 가난하다는 사실을 의식하지 못했다고 한다.

사우스웨스턴대학교(Southwestern University)에서 학부 과정을 마친 후, 예일대학교(Yale University)에서 박사 학위를 받았다. 노터데임대학교(University of Notre Dame)에서 강의했고, 이후 듀크대학교 신학대학원(Duke Divinity School)과 법학전문대학원(Duke Law School)에서 교수로 재직했다. 학계에 있으면서 50권이 넘는 책을 저술했다. 그중에 특히 윌리엄 윌리몬(William H. Willimon)과 1989년에 공동 저술한 《하나님의 나그네 된 백성》(*Resident Aliens*)은 학계를 넘어 일반 독자들에게까지 영향을 미쳐, 많은 그리스도인이 사회에서 자신의 역할을 바라보는 관점을 바꾸어 놓았다.

그는 다작하는 저자이자 인기 강연자이지만, 단순히 학자만은 아니었다. 한 아들의 아버지였고, 심각한 정신질환을 앓았던 첫 번째 아내를 오랫동안 조용히 돌보았다. 그는 학생들을 친구이자 때로는 조깅 파트너로 대했는데, 실제로 많은 학생과 평생 친구가 되었다. 그가 지역 성공회 교회에 보여 주는 헌신과 섬김은 소박하지만 진실하다. 주중 성찬식에 사람들을 초대하고 함께 점심을 먹으러 가는 것을 좋아한다. 삶에 대한 그의 애정과 웃음은 전염성이 강하며, 야구와 여행에 대한 애정도 마찬가지다. 사람들은 그가 집 주변에서 일하거나 학생들, 동료 교수들과 캠퍼스를 거니는 모습을 자주 볼 수 있다. 또한 드러내지 않고 조용히, 몸이 아픈 이들을 방문하고 지인들에게 격려의 쪽지를 보내기도 한다.

하우어워스의 삶과 저술에 익숙하지 않은 이들에게는 내가 앞서 예로 든 짤막한 그의 메시지들이 지나치게 단순하거나 공격적으로 들릴 수 있다. 하우어워스가 논쟁적인 글을 쓰는 것은 사실이다. 하지만 그의 글은 대부분 간단명료하지 않다. 오히려 그 반대여서, 대체로 다른 사람의 저술을 진지하게 다루는 긴 에세이인 경우가 많다. 하우어워스는 단순하지 않은 사상가이기에 그를 제대로 이해하려면 그의 책만 읽어서는 안 되고 그가 읽은 책도 읽어야 한다. 그렇게 하면 당신은 정치 철학과 도덕 철학에서부터 신학과 실제적인 교회 문제에 이르기까지 굉장히 폭넓은 지적 지형을 넘나들게 될 것이다.

하우어워스의 저작을 실제보다 더 체계적으로 보이게 하려는 시도는 실수일 수 있다. 이런 의미에서, 이 책만으로는 오해를 낳을 수도 있다. 하우어워스는 확실히 직설적이고 솔직하지만, 때로는 그를 정확히 파악하기 어렵다. 그에게서 개신교와 가톨릭, 재세례파의 영향을 엿볼 수 있다. 이런 점은 그의 사상을 '정확히 정의하고자' 하는 사람들에게는 특히 당혹스러울 수 있다. 그렇다고 해서 그에게 아무런 확실한 입장이 없다는 뜻은 아니다. 이 책은 분명히 그 반대라고 말해 준다. 그저 하우어워스를 특정한 범주에 넣을 수 없다는 뜻이다.

그는 보수주의자라고 할 만큼 보수적이지도 않고 진보주의자라고 할 만큼 진보적이지도 않다. 기독교의 근본적 확신에 진정으로 헌신한 사람인 동시에, 사회적으로 급진적이고 때로는 불편할 정도로 기독교적인 윤리를 주장한다. 그는 자타가 공인하는 평화주의자이지만 때로는 사람들에게 눈엣가시 같은 존재이기도 하다.

이러한 대조적인 특징에도 불구하고, 하우어워스의 글을 읽는 이들은 반복해서 등장하는 주제들을 발견하게 된다. 그리스도인의 삶을 이해할 때 덕의 중요성, 그리스도인이 된다는 것의 의미를 규정할 때 예수님 이야기의 중요성, 기독교 윤리를 기독교적으로 유지하는 것의 필요성, 진실하게 살아가기 위해 반드시 필요한 공동체로서 교회의 우선성, 세상 속에서 그리스도인임을 나타내는 핵심 표지로서 비폭력의 필요성, 정치적 질서에 순응할 때 나타나는 해로운 영향 등이 그것이다.

특히 이 마지막 주제에서 하우어워스는 정곡을 찌른다. 낙태, 안락사, 전쟁, 사형 제도, 성(性), 결혼 문제에 대한 그의 접근법은 '그리스도'보다 오히려 '보편적 자유와 이상'이라는 자유주의 이상을 따르는 소위 기독교 윤리를 바로잡는 것이다. '어디에도 속하지 않은 곳'에서 객관적으로 윤리를 정립하려는 시도는 교회가 신실하게 증언할 수 있는 능력을 약화시켰다. "그리스도인들이 같은 그리스도인들에게도 실천하게 하지 못하는 일을 비그리스도인들에게 요청하는 습관은 그만두어야 한다." 그에게는 철학이 아니라 교회가 '우리가 예수님에 대해 무엇을 말해야 하는지, 우리에게 윤리적으로 보여 줄 만한 것이 있는지'를 결정한다.

하우어워스에 따르면, 현대가 주장하는 이야기는 '우리가 선택한 이야기를 제외하고는 다른 어떤 이야기도 가져서는 안 된다'는 것이다. 이로 인해 우리는 윤리를 성품과 분리했을 뿐 아니라, 예수님과 교회도 분리해 버렸다. 나아가 예수님의 인격과 그분의 사역을, 그리고 교사로서의 예수님과 십자가에 달리신 예수님을 서로 대립시켰다. 결국 이제는 예수님의 제자가 되지 않고도 '그리스도인'이 될 수 있다. 이는 "예수님 없이 복음의 결과를 누리려고" 애쓰는 것과 같다. 예수님이 어떤 보편적 윤리를 옹호하셨고, 그분의 가르침이 모두에게 매력적이기를 원하셨다면, 그분이 십자가에 달리시거나 죽은 자들 가운데서 다시 살아나시는 일은 없었을 것이다. 소위 '보편적 윤리'란 언제나 모든 사람을 위한 윤리로 위장한 누군가의 윤리에 불과하다. 그런 윤리는 예수님을 배제하거나, 키르케고르(Kierkegaard)가 말한 것처럼 예수님을 우리의 장난감 목마로 만들 뿐이다.

그렇다면 복음서의 예수님을 증언한다는 것은 무슨 뜻인가? 확실히 그것은 통제력을 행사하거나 어떤 '기독교적' 의제를 강압하는 것이 아니다. 하나님 나라를 확장하거나 정치적 책임을 다한다는 명목으로 사회 질서를 기독교화하려는 시도는 교회가 전쟁을 정당화하고 불의에 가담하게 만든다. 이런 통찰은 하우어워스의 논쟁적 주장의 핵심이라고 볼 수 있다. 그렇다고 해서 그가 예수님을 따르는 것이 개인적인 차원의 사적인 종교적 신념을 갖는 문제나 내적인 경건의 문제라고 생각한다는 뜻은 아니다. 예수님을 따르는 것은 "우주적인 결과를 가져오는 공적인 문제"다. 예수님을 예배하는 것 자체가 하나의 정치이며, 이는 곧 현존하는 질서를 뒤엎는 정치다. 하나님은 그리스도 안에서, 그분이 없었다면 존재하지 않았을 세계를 창조하셨다. 그 세계가 바로 교회다.

—

어떤 비평가가 지적했듯 하우어워스가 말하는 제자도는 세상과 동떨어진 "분파적이고 신앙지상주의적인(fideistic) 부족주의자"가 되기를 우리에게 요구한다고 결론짓고 싶은 유혹이 있다. 하우어워스는 이런 오해를 탄식할 뿐 아니라, 끊임없이 거기에 반박하려고 애써 왔다. 그는 교회 앞에 놓인 선택안은 분파적 고립도, 사회적 안주도 아니라고 분명히 밝힌다.

예수님이 곧 하나님 나라다. 그분은 하나님의 종말론적 현실을 현재로 만드시고, 교회라 불리는 새로운 사회적 가능성을 불러일으키신다. 십자가에서 이 세상 통치자들과 권세들은 무력화되었다. 십자가는 우리가 세상을 바로잡을 필요도, 번영과 권력의 명령을 따를 필요도 없다는 사실을 증언한다. 십자가에서 성육신하신 하나님은 강압적 무력으로 세상을 구원하기를 거부하셨다. 그러니 우리도 그래서는 안 된다. 하나님은 고난을 감내하심으로써, 우리를 죽이려는 자들을 죽이지 않고도 세상 속에서 살아갈 새로운 길을 열어 주셨다.

따라서 세상과 교회의 차이는 단지 가치관이나 수단의 차이가 아니다. 간단히 말하자면, 그 차이는 '예수님'이다. 그래서 교회의 최우선 과제는 교회가 되는 것, 곧 자기 삶에서 그리스도 안에서 이루어진 하나님의 새 창조를 증언하는 백성이 되는 것이다. 이는 교리적 움직임이 아니라 정치적 움직임이다. "그리스도인들은 사람을 죽일 수 없기에 정치가 필수다." 하지만 이것은 그저 평범한 정치가 아니다. 타인과 낯선 사람을 환대하는 정치, 원수를 인내하며 견디는 정치, 상처 입고 억압받은 자들을 돌보는 정치, 진실한 평화의 정치다.

예수님의 정치가 수반하는 무언가가 또 있을까? 무엇보다 먼저, '기독교 세계'(Christendom; 기독교가 중심이던 시대)의 파편 속에서 살아가는 이 세상에서 그리스도인들은 이제 비로소 자유로이 그리스도인이 될 수 있다. 하우어워스는 말한다.

> ☞ 오늘날 벌어지는 좋은 일 중 하나는 그리스도인들이 더 넓은 사회에서 지위와 권력을 잃고 있다는 것이다. 그 상실이 우리에게 자유를 줄 수 있다. 더는 잃을 게 없기에 예수님이 우리에게 원하시는 삶을 기꺼이 살 수 있다. 통제하려 하거나, 통제 수단을 사용하려는 유혹을 받지 않아도 된다. 우리는 다시 한번 첫 그리스도인들처럼 살아갈 수 있다.

첫 그리스도인들은 어떻게 살았는가? 그들은 입술로만 예수님의 이름을 고백하지 않고, 그분을 주님으로 증언했다.

그것이 모든 것을 변화시킨다. 그들은 한 스승에게서 수련을 시작했고, 그 과정을 통해 하나님의 평화의 나라의 덕을 이야기하고 심어 줄 수 있는 기술들을 배웠다. 이 기술들은 원수들을 하나님과 화목하게 하며, 원수들끼리도 서로 화목하게 만들었다. 이 능력을 통해 초기 교회는 하나님이 의도하신 세상, 곧 더 이상 종도 자유인도, 유대인도 이방인도, 부자도 가난한 자도, 친구도 적도 없는 세상을 세상에 보여 줄 수 있었다. 이 공동체는 그들의 전례와 물질성을 통해 다가올 하나님 나라, 새로운 피조물의 이야기를 충실하게 전하고 듣고 실행했다.

그런 종류의 세상에서 사는 것은 이상해 보이고, 심지어 위협적으로 보일지도 모른다. 하우어워스는 신실한 그리스도인들이 항상 나그네였다고 상기시켜 준다. 그럼에도 그들은 항상 좋은 소식의 전달자였다. 성공이나 존경받는 지위에 관한 소식이 아니라, 시장의 논리와 불의, 권력, 폭력의 메커니즘을 거부하는 대안 사회가 가능하다는 소식을 전했다. 이 새로운 가능성은 정치적이든 경제적이든 사회적이든 우리를 서로 대립하게 만드는 역학을 제거하고, 하나님의 뜻이 하늘에서와 같이 이 땅에서도 이루어지기를 추구한다.

—

하우어워스는 대체로 다른 이들과의 대화를 통해, 즉 대화적인 방식으로 글을 쓴다. 그런 점에서 이 책은 다르다. 이 책은 좀 더 직설적이고, 제자도라는 주제에 초점을 맞췄다. 그의 저술에 익숙한 독자들은 일부 내용을 알아볼 수도 있지만, 나는 오늘날 세상에서 예수님을 따르는 것이 무엇인지에 대한 그의 생각을 더 잘 드러내기 위해 그 내용을 함께 편집했다.

미리 일러두는데, 이 책은 당신에게 풍성한 영감만큼이나 적지 않은 부담감도 안길 것이다. 실제로 스탠리 하우어워스와 그의 저술 덕에 30년 전, 나는 신학교 교수직을 내려놓고 아내와 함께 3,000킬로미터 넘게 떨어진 브루더호프(Bruderhof) 공동체로 이주했다. 브루더호프는 산상수훈에 순종하여 모든 재산을 공유하는 기독교 공동체다. 우리가 그때껏 알던 기독교에 환멸을 느낀 우리는, 아무도 궁핍하지 않고 모두가 공동체의 일원이었던 초대 교인들처럼 살고자 했다.

그리스도를 따르는 모든 이에게 진짜 위험은, 믿지 않는 게 아니라, 우리가 믿는 바가 교회나 세상에 아무 차이도 만들어 내지 못하는 것이다. 하우어워스는 개인으로서도, 저자로서도 확실한 변화를 일으켜 왔다. 이 책도 그러하리라 믿는다.

찰스 무어(Charles E. Moore) : 작가이자 플로우(Plough) 출판사 객원 편집자. 브루더호프 공동체에 소속되어 있다.

Part 1

예수님을
따른다는 것

Jesus Christ

Church

새로운 눈과 귀가 필요한
오늘의 제자도

Gospel

진리의 영이시여, 우리가 예수님의 삶을 주목하여
주님이 우리에게 바라시는 모습이 무엇인지 보게
하소서. 우리를 예수님처럼, 선한 율법을 가르치는
자가 되게 하시고, 기적의 치유를 베푸는 자가
되게 하시며, 하나님 나라를 선포하는 자가 되게
하소서. 우리를 예수님처럼, 가난한 이들과 소외된
이들, 어린아이들을 사랑하는 자가 되게 하소서.
세상이 세상의 기준대로 반응하라고 유혹할 때는
예수님처럼 침묵하게 하소서. 우리도 예수님처럼
기꺼이 고난받을 준비가 되어 있게 하소서.
예수님이 하나님의 아들이시기에 우리와 다르심을
알고, 우리가 온전히 예수님과 같아질 수 없음을
인정합니다. 그 다름을 귀히 여기게 하시고, 오직
예수님의 부활로 말미암아 우리에게 가능해진
'예수님 닮아 가는 삶'을 날마다 살아 내게
하소서.*

Following Jesus

1

변혁적인 하나님의 역사 속으로

예수께서 시몬에게 이르시되
무서워하지 말라
이제 후로는 네가 사람을 취하리라 하시니
그들이 배들을 육지에 대고
모든 것을 버려두고 예수를 따르니라.

// 누가복음 5장 10-11절

예수님은 시몬과 안드레, 야고보와 요한이 자기 일, 즉 고기잡이에 한창일 때 그들을 부르신다. 그러나 그들은 즉시 그물을 버려두고 그분을 따른다. 마가복음은 야고보와 요한이 자기 아버지를 두고 떠났다고까지 기록하는데(막 1:20), 이는 제자들이 자신이 따르는 분이 누구인지 깨닫기 위해 치러야 할 희생을 상징하는 행동이라 할 수 있다. 예수님 안에서 태동한 나라, 곧 다윗의 왕국은 그분의 제자들이 반드시 겪어야 할 변화를 요구하기 때문이다.

새로운 다윗왕이신 예수님은 자신의 왕권을 곧바로 드러내지 않으셨다. 마귀의 제안과 달리, 그분의 능력은 오직 십자가의 죽음과 그 길을 따르는 데서만 발견할 수 있다. 예수님이 선포하신 진리를 보고 듣기 위해서는 새로운 눈과 귀가 필요할 것이다.

복음서들은 제자들의 몰이해를 가차 없이 묘사하지만, 그래도 예수님을 확실히 따른다는 점에서 그들은 엄연히 군중과는 달랐다. 예수님은 갈릴리를 두루 다니시며 회당에서 가르치시고, 하나님 나라 복음을 선포하시며, 간질이나 중풍병자 등 온갖 병에 시달리거나 귀신 들려 고통받는 이들을 고치신다(마 4:23-25). 멀게는 요단강 건너편에서부터 허다한 무리가 그분을 따르기 시작한다. 사람들은 예수님에게 깊이 감명을 받고 그분의 가르침에 놀라움을 표한다. 하지만 결국에는 "십자가에 못 박혀야 하겠나이다"라고 외치게 된다(마 27:22-23). 예수님과 달리, 그들은 결국 마귀의 유혹에 굴복하고 만다.

복음서들 초반에서 우리는 예수님을 그저 존경하는 데 그치지 않고 그분을 따르는 제자가 되려면 어떻게 해야 하는지를 볼 수 있다. 둘의 차이는 명확하다. 예수님을 따르려면 회개하고, 익숙한 것에서 떠나 제자도를 훈련받아야 한다. 그래야 변화가 있다. 그 변화는 단순히 새로운 신념에 새로운 행위를 더한 것이 아니다. 우리가 그리스도인인 이유는 우리가 믿는 내용 때문이 아니라, "와서 나를 따르라"는 예수님의 부르심에 순종하기 때문이다.

신학자 제임스 맥클렌던(James McClendon)은 조지아에 있는 다인종 기독교 공동체인 코이노니아 농장(Koinonia Farm)의 창립자 클레런스 조던(Clarence Jordan)에 얽힌 한 이야기를 들려준다. 이 이야기는 예수님의 제자와 단순히 그분을 존경하는 사람의 차이를 잘 보여 준다. 1950년대 초, 클레런스가 자신의 동생 로버트 조던(Robert Jordan)에게 코이노니아 농장의 법적 대리인이 되어 줄 것을 요청했다고 한다(로버트 조던은 훗날 조지아주 상원의원을 지냈고, 주 대법원 대법관이 되었다). 두 사람의 대화는 대략 다음과 같았다.

"형, 난 못 해. 내 정치적 포부를 알잖아. 내가 형 조직의
대리인이 되면, 내 직장, 집, 아니, 가진 걸 다 잃을 수도
있다고."
"로버트, 우리도 다 잃을 수 있어."
"형은 나랑 처지가 다르잖아."
"뭐가 다르지? 내 기억으로는, 어릴 적에 너랑 나랑 같은
날 처음 교회에 등록했어. 우리가 앞으로 나갔을 때,
목사님이 나한테 한 질문을 너한테도 똑같이 했던 걸로
기억해. '예수님을 네 주님이자 구세주로 영접하겠니?'
그래서 나는 '네'라고 했지. 그때 넌 뭐라고 대답했어?"
"형, 나도 예수님을 따른다고. 어느 정도까지는."
"그 '어느 정도'라는 게 혹시…… 십자가까지는 아닌가?"
"아니, 십자가까지는 주님을 따라갈 거야. 하지만 십자가
위까지는 아니야. 난 십자가에 못 박히지는 않을 거야."
"그러면 넌 예수님의 제자가 아니야. 예수님을 존경하기는
해도, 그분의 제자는 아니지. 지금 다니는 교회로 돌아가서
이렇게 말해야 할 거야. '난 예수님을 존경은 하지만,
그분의 제자는 아닙니다.'"
"글쎄, 나처럼 느끼는 사람들이 다 그렇게 말한다면
이 세상에 남아 있는 교회가 없을 거라고, 안 그래?"
그러자 클레런스가 조용히 말했다.

"문제는, 너한테 지금 교회라는 게 있기는 하냐는 거야."

예수님의 제자가 된다는 것은 자신을 새롭게 인식하거나 다르게 이해하게 되는 정도의 사안이 아니며, 영적인 존재가 되거나 교회에 출석하는 문제도 아니다. 바로 예수님이 하나님의 메시아, 곧 주(主)이신 하나님의 아들이심을 자신의 삶으로 확증하는 것이다. 이는 우리가 고백하는 분, 우리가 충성을 다 바치는 대제사장이자 왕이신 분을 반영하는 공동체의 일원이 된다는 의미다. 그런 삶을 사는 것은 근본적인 변화를 경험하는 것이며(고후 5:16-17), 변화되어 예수님이 시작하신 새 시대의 빛 가운데 걸어가는 것이다.

이것이 바로 복음이다. 성육신하신 하나님, 곧 예수 그리스도께서 우리를 하나님의 역사 속으로 초대하신다. 그 역사는 우리의 세상을 뒤흔들며, 동시에 하나님이 세상과 어떻게 화해하고 계신지를 보여 준다. 예수님의 생애 이야기는 단순히 그분의 삶을 보여 주고 가르침을 기억하게 하는 차원에 머무르지 않는다. 그 이야기들은, 예수님을 통해 하나님의 새로운 세계가 시작되었음을 보여 주며, 그분과 우리의 삶이 어떻게 연결되어야 하는지를 우리에게 가르치고 훈련시킨다.

Following Jesus

2

때로는 풍랑 속에서 물 위를 걷는 일

베드로가 대답하여 이르되
주여 만일 주님이시거든
나를 명하사 물 위로 오라 하소서 하니
오라 하시니 베드로가 배에서 내려
물 위로 걸어서 예수께로 가되.

// 마태복음 14장 28-29절

예수님은 그리스도인들을 원하시지 않는다. 단순히 그분에 대한 몇 가지 특정 신념을 고백하는 사람이라는 의미에서의 그리스도인이라면 말이다. 예수님을 따르는 우리에게 '믿음'은 우리 '삶의 방식'과 떼려야 뗄 수 없는 관계에 있다. 기독교의 진리와 삶을 분리하려는 유혹은 책임을 져야 한다는 두려움에서 나오는데, 이는 우리 믿음을 갉아먹는 이중성을 낳는다.

예수님은 우리가 맺는 열매로 우리 자신이 누구이며 그분이 누구신지를 알 수 있다고 가르치신다(마 7:15-20). 예수님이 그리스도, 곧 하나님이 기름 부으신 왕이심을 믿는다는 것은 우리가 그분과 같이 되어야 함을 의미한다. 복음서에 담긴 이야기가 진실인지 여부는 그 이야기가 어떤 삶을 만들어 내는지에 따라 판가름 난다. "그의 안에 산다고 하는 자는 그가 행하시는 대로 자기도 행할지니라"(요일 2:6). 예수님의 목적은 그분의 삶에 따라 우리 삶을 다시 쓰시는 것이다.

따라서 예수님의 제자가 된다는 것은 그리스도 이야기의 관점에서 확신을 가지고 즐거이 사는 것이다. 이렇듯 진리이신 그분의 증인으로 살아가는 방식으로만 그리스도의 진리를 있는 그대로 볼 수 있다. 예수님은 "나를 본 자는 아버지를 보았거늘"(요 14:9)이라고 말씀하신다. 예수님이 아버지께 순종하신 것처럼 우리 역시 예수님께 순종하는 것만이 우리가 진실하게 살 수 있는 유일한 토대다. 예수님의 말씀을 듣고 그대로 행하는 사람은 어떤 폭풍우도 견뎌낼 견고한 기초 위에 삶을 세운 셈이다.

\\\\\\\\\\

제자들은 물 위로 걸어오시는 예수님을 보고 겁에 질렸다. 사람은 물 위를 걷지 않기 때문이다. 그래서 그들은 눈앞에 마주한 현실을 정상으로 되돌릴 수 있는 어떠한 설명이라도 찾아야만 했다. "유령이다!"

예수님은 두려워 소리 지르는 제자들에게 "나다" 하며 정체를 드러내신다. 이는 시편 77편 19절에 나오는 "주"와 같은 표현인데, 그 주는 '바다에 길을 내시고 큰물에 곧은 길을 내시나 그 발자취는 알 수 없는' 분이다. 베드로는 예수님께 물 위에서 그분을 만날 수 있게 명령해 달라고 요청하고, 그분은 "오라"는 한마디로 응답하신다.

베드로는 예수님께로 걸어가지만 거센 바람을 보고는 무서움을 느꼈고 물에 빠져 들어가게 되었다. 그는 예수님께 살려 달라고 부르짖는다. 처음에는 물에 빠지지 않았던 그가 거센 바람이 불자 겁이 덜컥 났다. 무서움에 사로잡히면서 물에 빠지고 만 것이다. 예수님을 바라보지 않으면, 베드로뿐만 아니라 우리 모두는 무서울 수밖에 없고 결국 살 수 없게 된다. 예수님은 늘 그렇듯이 손을 내밀어 물에 빠진 그를 건져 주신다.

많은 이들이 베드로가 충동적이고 "믿음이 작으며" 의심이 많다고 비난하는데, 그가 예수님께 "오라"는 명령을 내려 달라고 직접 요청한 사실을 간과해서는 안 된다. 베드로는 자기 힘으로는 절대 물 위로 걸을 수 없음을 안다. 예수님의 능력을 받지 않는 한 그에게는 그분께로 갈 능력이 없다. 베드로의 믿음은 작지만, 적어도 믿음이 곧 순종인 것은 알았다. 믿음은 어디든 예수님을 따라가는 것이다. 본회퍼(Bonhoeffer)가 말한 대로, 믿음은 "상대적으로 안정된 삶으로부터 온전히 불안정한 삶으로(그러나 실제로는 예수님과의 교제로 말미암아 보호받는 더없이 안전한 삶으로) 끌려 나오는" 것이다.

우리도 베드로 못지않게 의심이 많기에 그에게 충분히 공감한다. 베드로처럼 우리도 예수님이 아닌 다른 곳에 시선을 고정하고 겁에 질린다. "오라!" 하고 명령하시는 분 대신 우리 자신이나 세상이 가치 있게 여기는 것에 초점을 맞춘다. 하나님을 향한 경외심이 우리의 두려움을 지배하지 않는다. 헤롯과 빌라도처럼 우리도 하나님보다 다른 사람들의 시선과 평가를 더 두려워하기 때문이다. 그 결과, 다른 사람들이 우리를 선하다고, 혹은 적어도 정상이라고 생각해 주기를 바라면서 원초적인 인간의 욕망이라는 무게에 눌려 가라앉고 만다. 그러나 예수님을 따르는 이들, 곧 기적 없는 세상에 살기를 거부하는 이들은 결코 정상적일 수 없다.

나중에 예수님은 베드로를 택하시고 "이 반석 위에" 교회를 세우겠다고 선언하신다(마 16:18). 교회는 하나님 나라의 방주지만, 종종 물가에서 멀찍이 떨어져 바다 한복판에서 거센 바람과 파도의 위협을 받는다. 안전하게 물가에 있는 사람들은 말할 것도 없고, 심지어 배에 있는 사람들조차 예수님을 따르는 삶에는 물가에서 멀리 떨어져 폭풍우의 위협을 받는 일이 흔하다는 사실을 이해하지 못하는 경우가 많다.

그리스도인이라고 고백하는 이들이 진정으로 신실하다면, 그들은 언제나 물가에서 멀찍이 떨어진 바다 한복판에 있을 것이다. 게다가 그중 몇몇은 심지어 안전한 배를 떠나 물 위를 걸으라는 명령까지 받을 것이다. 이것이 다름 아닌 예수님의 부르심에 응하는 삶이다.

Following Jesus

3

예수님이 곧 하나님 나라

요한이 잡힌 후 예수께서 갈릴리에 오셔서
하나님의 복음을 전파하여 이르시되
때가 찼고 하나님의 나라가 가까이 왔으니
회개하고 복음을 믿으라 하시더라.

// 마가복음 1장 14-15절

예수님은 하나님 나라 복음을 선포하러 오셨다. 그분의 가르침과 사역에서 하나님 나라의 중요성은 이제 흔히 받아들여지고 환영받는 주제가 되었다. '하나님 나라'라는 개념은 기독교 사회 윤리를 알려 주는 사랑, 정의, 평화, 의 같은 지침과 이상을 포함하는 것처럼 들린다. 그러나 이러한 접근은 처음부터 실패할 수밖에 없다. 예수님이 누구이시며 무엇을 하셨는지와 같은 핵심을 제대로 반영하지 못하기 때문이다.

하나님 나라는 윤리적 이상이 될 수 없다. 성경이 하나님 나라를 선포하는 분과 그 나라를 분리하지 않기 때문이다. 카를 바르트(Karl Barth)의 말을 빌리자면, "예수님이 곧 하나님 나라"다. 오리게네스(Origen)의 고전적 표현을 따르자면, 예수님이 '오토바실레이아', 곧 몸소 하나님 나라다.

신약성경에서 하나님 나라의 선포와 그리스도의 주되심에 대한 인정은 같이 간다. 예수님의 정체성은 하나님과의 관계를 통해 드러나며, 그 관계에서 나온 권위가 그분으로 하여금 하나님 나라를 선포하게 한다. 예수님의 권위와 정체성은 떼려야 뗄 수 없는 관계다. 예수님은 메시아 역할을 그분이 연기해야 할 하나의 배역으로 받아들이기를 거부하신다. 오히려 그분의 온 존재가 인류를 향한 하나님의 목적에 참여하는 행위 그 자체였다. 예수님은 하나님 나라를 대표하시고, 구현하시며, 이루시는 최고의 행위자이시다.

이는 이 사람 예수의 이야기를 알지 않고서는 하나님 나라에 대해 알 길이 없다는 뜻이다. 그분의 이야기가 하나님의 통치 방식을 규정하며, 그 통치가 그에 걸맞은 '세상'과 사회를 어떻게 창조하는지를 보여 주기 때문이다. 예수님의 삶의 방식을 기준으로 삼지 않으면 기독교 윤리의 틀에 대해 논할 길이 없다. 그분이 몸소 하나님 나라를 보여 주셨기 때문이다. 그분은 하나님이 왕으로서 행하시는 통치가 어떤 모습인지를 보여 주는 하나님의 비유다.

예수님은 우리가 그분을 통해 지금 이 땅에서 하나님 나라를 발견하도록 초대하신다. 그분께 반응하지 않고서는 하나님 나라를 증언할 수 없다.

병을 치유하고 귀신을 내쫓는 예수님의 사역을 통해 하나님 나라의 실재가 드러났다. 그분은 우리 삶과 이 세상을 지배하는 악한 영들과 정면으로 맞서시며 물리치신다(눅 11:20). 또한 예수님과 다른 사람들과의 관계를 통해서도 그 나라의 실재가 나타났다. 그분은 가난하고 소외된 이들과 함께 식사하시며, '사회적 지위'가 아니라 '우리의 모든 관계를 바로잡는 정의'에 기초한 새로운 사회 질서를 보여 주신다. 마지막으로, 하나님 나라는 예수님이 첫 제자들을 부르신 사건에서 나타난다. 이 첫 제자들은 하나님 나라에 참여하기 위해 반드시 필요한 회개의 선포 사역에 동참하는 것 외에는 다른 아무 목적 없이, 자신의 모든 것을 버리고 안락과 재산, 일상의 관습과 습관을 철저히 끊는다(막 3:13; 마 10:5-42).

예수님에게서 나타난 하나님 나라의 길은 아주 단순하게 말해, 끊임없이 내려놓음을 배우는 훈련이다. 우리와 다른 사람들의 삶에 힘을 실어 준다고 생각하는 모든 것으로부터 자유로워지는 훈련 말이다. 여기에는 많은 불만과 폭력의 근원이 되는 우리 재산도 포함된다. 우리는 다른 사람들이 우리가 가진 것을 노린다고 두려워하면서 스스로를 속이는 정당화에 빠지고, 그 결과 강제력 없이는 유지될 수 없는 불의의 패턴에 갇히고 만다.

그러나 예수님은 급진적인 대안을 제시하신다. 지금 여기서 우리가 그분의 평화를 구체적으로 나타낼 수 있는 여정과 모험을 제안하신다. 일단 그 여정을 시작하면, 우리는 한때 가치 있게 여겼던 것, 심지어 우리 '자신'과 과거에 우리를 얽매던 맘몬과 이 세상 것들이 더는 중요하지 않게 되는 것을 발견한다. 우리의 진정한 본성, 진정한 목적을 발견하게 되기 때문이다.

Following Jesus

4

그리스도 이야기에 동참하기

예수와 제자들이 빌립보 가이사랴 여러 마을로 나가실새
길에서 제자들에게 물어 이르시되
사람들이 나를 누구라고 하느냐
제자들이 여짜와 이르되 세례 요한이라 하고
더러는 엘리야, 더러는 선지자 중의 하나라 하나이다
또 물으시되 너희는 나를 누구라 하느냐
베드로가 대답하여 이르되 주는 그리스도시니이다 하매
이에 자기의 일을 아무에게도 말하지 말라 경고하시고.

// 마가복음 8장 27-30절

예수님의 제자가 되려면 그분의 첫 제자들이 상상한 모든 것을 초월하는 훈련이 필요하다. 베드로도 이 교훈을 아직 배워야만 했다.

"사람들이 나를 누구라고 하느냐?" 처음에 베드로는 옳게 대답하는 듯하다. "주님은 우리가 오랫동안 기다려 온 메시아이십니다. 우리를 권세와 영광으로 회복하시고, 이스라엘을 열방 중에 뛰어나게 할 권력을 주실 분입니다." 베드로는 예수님의 이름을 제대로 알고 있었다.

그런데 예수님은 자신이 그런 권세를 지닌 자로 알려지지 않을 것이라고 말씀하시기 시작한다. 오히려 사람들은 그분을 거부하고 죽일 것이라고 말이다. 그러자 아직도 옛 질서, 곧 '성공'의 옛 기준에 물들어 있던 베드로는 구세주가 이런 말씀을 해서는 안 된다고 가로막는다.

구원자는 세상에 변화를 일으킬 힘을 지닌 사람이다. 구원이란 통제력을 쥐거나 쥐려고 시도한다는 의미인데 예수님은 그 어느 쪽도 아니시다. 예수님의 권세는 다른 종류의 힘이다. 이 세상 권세자들은 권력에 대한 위협이 어떤 것인지를 베드로보다 더 잘 알기에 그분을 죽이려 들 것이다. 여기, 하나님의 사랑의 나라에 참여하도록 우리를 초대하는 분이 계신다. 그 나라는 자기희생과 나눔과 섬김의 능력이 드러나는 나라다. 이 세상 권세자들은 그런 나라를 이해하지 못한다. 그저 거기에 반대할 뿐이다.

그래서 예수님은 그분의 이름은 알지만 그 이름의 의미를 결정하는 그분의 인격이나 이야기는 알지 못하는 베드로를 꾸짖으신다. 예수님이 베드로에게 하신 말씀은 몇몇 사람만을 위한 말씀이 아니다. 예수님이 베드로에게 이르셨듯이, 우리 중 누구라도 그분을 따르려 한다면, '그분을 위해' 고난받고 목숨을 잃는 법을 배워야 한다. 가족이나 조국, 혹은 다른 고귀한 이유로 목숨을 잃는 상황은 어느 정도 이해할 만하다. 하지만 예수님은 우리가 그분과 복음을 위해 목숨을 잃어야 한다고 말씀하신다(막 8:35).

자기희생이 그 자체로 고귀하지 않다는 것이 아니다. 진리가 예수님의 진리가 아니면 진정한 해방이 아닌 것처럼, 희생도 우리가 예수님의 생애에서 보듯이 하나님 나라의 이름과 형태로 행해지는 것이 아니면 도움이 되지 않는다. 그분을 초월하는 진리는 없다. 그분의 이야기가 하나님 나라의 진리이고, 그 진리는 십자가에서 나타난다.

예수님의 죽음은 평범한 죽음이 아니다. 그분의 죽음은 그분 삶의 목적이자 성취였기에 결정적인 의미를 지닌다. 주님은 죽음을 통해 그분이 이루어야 할 소명을 완수하셨다. 이런 의미에서 십자가는 하나님 나라로 가는 길의 우회로나 장애물이 아니라, 도래한 하나님 나라다(눅 9:23-25).

그렇기에 다른 어떤 사건보다도 십자가는 예수님의 소명의 성격을 잘 드러낸다. 예수님은 인간관계와 사회적 관계의 새로운 가능성을 짊어지셨다. 하나님의 정치가 무엇인지, 곧 하나님이 어떻게 사람들을 그분과, 또 그들 서로를 화해시키는지 보여 주신다. 이로써 기독교 제자도는 새로운 인류를 탄생시키는 새로운 질서를 만들어 낸다(엡 2:11-22). 그리스도인의 삶은 예수님의 메시아 되심을 기초로 한 공동체에서 '그리스도에 대한 순종'을 표현하는 것이다.

베드로가 아직 배우지 못한 것이 바로 이것이다. 그는 이 나라가 세상 나라들과 비슷한 모습일 것이라 생각했다. 그러나 그는 틀렸다. 세상 나라들은 서로에 대한 두려움과 서로를 지배하려는 권력에서 존재 기반을 얻는다. 반면에 하나님의 통치는 신뢰가 이끄는 공동체가 존재할 수 있음을 의미한다. 이러한 신뢰는 우리 존재가 진리에 묶여 있다는 지식 덕분에 가능하다. 베드로처럼 그런 지식을 이해하고 받아들일 준비가 된 사람은 많지 않지만, 그 지식을 삶의 일부로 받아들일 수 있다면 우리는 실제로 그 나라의 시민이 된다.

따라서 예수님을 따르고 하나님 나라에 들어간다는 것은 예수님이 십자가에 순종하심으로 형성된 새로운 사회 질서의 일부가 되는 것이다. 이 새로운 질서의 근본 원리가 복음서에 담겨 있다. 이는 단순히 '종교적인' 사람을 묘사하는 것이 아니라, 예수님을 중심으로 한 새로운 공동체에 참여하는 데 필수적인 훈련을 제공하는 매뉴얼이다. 예수님을 따르려면 예수님의 생애에 대한 기본 사실을 알고 그것을 믿는 것만으로는 부족하다. 그분의 이야기를 알고 동의하는 것만으로는 충분하지 않다. 오히려 예수님의 제자가 된다는 것은 우리 삶이 이 창조 세계를 구원하시는 하나님의 드라마 속으로 말 그대로 흡수되어야 함을 의미한다.

예수님을 따른다는 것은 그분의 이야기를 우리 자신의 이야기로 삼는 것이며, 그 이야기는 하나님 나라가 이 세상에 어떻게 세워지는지를 가르쳐 준다. 예수님 안에서 우리는 탐욕과 기만, 강압과 폭력을 통해 안정과 의미를 갈구했던 우리를 용서해 주실 권세와 능력을 지닌 분을 만난다. 예수님을 따르는 법을 배우는 것은 그런 용서를 받아들이는 법을 배우는 것인데, 이는 결코 쉬운 일이 아니다. 우리 죄와 연약함을 인정해야만 그 용서를 받아들일 수 있기 때문이다. 하지만 용서받는 법을 배움으로써 우리는 다른 이들의 삶을 위협이 아닌 선물로 바라볼 수 있게 된다.

그러므로 예수님이 우리를 부르신 공동체는 공유된

분노와 두려움 위에 세워진 다른 모든 사회와 대조된다. 이 공동체는 구성원들이 타인의 타자성(otherness)을 하나님 나라의 용서하는 특징의 표지로 신뢰할 수 있게 하는 이야기로 형성된다.

Following Jesus

5

인간적 사랑만으로는 부족한 길

그가 우리를 위하여 목숨을 버리셨으니
우리가 이로써 사랑을 알고
우리도 형제들을 위하여
목숨을 버리는 것이 마땅하니라.

// 요한일서 3장 16절

사랑은 예수님의 가르침과 설교에서 매우 중요한 위치를 차지한다. 하지만 예수님은 사랑 그 자체가 목적이거나 누구나 쉽게 알 수 있는 명백한 진리, 또는 일반적인 원칙이나 정책처럼 실현 가능한 것으로 말씀하시지 않는다. 예수님이 명하신 사랑은 '하나님이 우리를 사랑하신 것처럼' 다른 사람을 사랑하는 것이기 때문이다(요일 4:9).

사랑하라고 명령하시고 그것을 구체적으로 보여 주신 분과 사랑하라는 명령을 분리할 수 없다. "새 계명을 너희에게 주노니 서로 사랑하라 내가 너희를 사랑한 것같이 너희도 서로 사랑하라"(요 13:34). 예수님은 사랑을 설교하는 분으로 우리에게 오신 것이 아니다. 그분은 우리에게 하나님의 나라의 의를 친히 알려 주시려 오셨다. 그분은 우리가 이 세상에서 서로 사랑할 수 있는 조건을 마련하기 위해 오셨다.

복음은 이 사람 예수 그리스도의 이야기다. 사랑이나 사랑 윤리를 다루는 것이 아니라, 하나님의 아들이신 그분을 붙들라는 부르심이다. 그분은 우리 운명을 자신의 운명과 결합하시고 우리 삶의 이야기를 자신의 이야기로 만드신다. 복음을 사랑의 윤리로 만들어 버리면 그것을 제멋대로 해석하여 사랑이라는 말의 내용을 우리 뜻대로 채우게 된다. 하지만 그리스도의 이야기는 우리를 하나님의 사랑이 구체적으로 나타나는 사람으로 만들어 간다. 그 이야기는 우리를 변화시켜 사랑할 수 있는 존재가 되게 한다.

마음을 다하고 목숨을 다하고 힘을 다하고 뜻을 다하여 여호와를 사랑하고 이웃을 우리 자신같이 사랑하라는 큰 계명 다음에 선한 사마리아인 이야기가 나온다(눅 10:25-37). 여기에는 그럴 만한 이유가 있다. "네 이웃을 네 자신같이 사랑하라"라는 자주 인용되는 이 말씀은 그 이야기에 대한 명백하거나 도덕적인 결말이 아니다. 이 이야기 자체가 사랑의 의미다. 그리고 그 의미는 사랑에 대한 인간의 개념을 뒤집고 초월한다.

그리스도가 사랑을 설교하는 분에 불과했다면, 어째서 십자가에서 돌아가셨는지 의문이 들 것이다. 그런 가르침에 누가 반대하겠는가? 그분이 십자가에 못 박히신 이유는 그분의 사랑이 하나님의 의로우심을 드러내기 때문이다. 그 의로우심은 우리에게 고통과 변화를 불러오고 우리로 하여금 사랑하기 힘들어 보이는 이들에게 손을 내밀도록 요구한다. 사랑은 절대 쉬운 일이 아니다. 사랑의 의미를 이해하는 것뿐 아니라 실제로 사랑을 행할 능력은 그분과 그분이 십자가에서 우리를 위해 하신 일을 따르는 쉽지 않은 과제에 달렸다.

우리가 그리스도처럼 사랑하는 법을 배우려 한다면,

먼저 십자가까지 그분을 따르는 법을 배워야 한다. 예수님이 베드로의 발을 씻기셨을 때처럼(요 13:1-10) 우리도 그보다 못한 모든 하찮은 사랑으로부터 깨끗이 씻겨야 한다. 예수님의 길은 겸손과 용서, 제자도와 훈련을 요구한다. 그렇지 않으면 우리는 사랑뿐 아니라 우리 삶 자체도 하찮게 여기게 되며, 십자가는 우리가 선행이라 여기는 작은 희생을 상징하는 데 그치고 만다.

실제로는, 하나님의 사랑은 우리 자신을 '더 나은' 자아라고 여기는 착각으로부터 우리를 해방한다. 그리스도인의 사랑은 우리가 정말 사랑하기 힘들다고 여기는 조건을 정직하게 맞닥뜨린다. 그리스도처럼 사랑하기 위해서는 세상과 우리 자신을 있는 모습 그대로 볼 수 있어야 한다. 사랑은 눈이 멀 수 없다. 사랑은 제대로 보는 것이다. 사랑하려는 인간적인 노력 가운데 우리가 자신과 서로에 대해 가진 환상이 드러난다. 우리와 가까운 사람보다 전혀 모르는 사람에게 더 솔직할 때가 많은 이유가 그 때문이다. 낯선 사람에게는 우리 자신에 대한 진실을 드러내도 잃을 게 별로 없다.

교회가 환대하고 긍정하며, 사람들을 있는 모습 그대로 받아 주는 곳이 되어야 한다는 말을 많이 듣는다. 나는 하나님이 나를 있는 모습 그대로 수용해 주시기를 원치 않는다. 하나님이 나를 바꾸어 주시기를, 온전하게 만들어 주시기를 원한다. 그러려면 엄청난 변화가 필요할 것이다. 우리의 모든 욕구와 충성이 예수님이 사랑하신 방식을 따른다면 우리 삶은 그대로일 수 없다. "당신이 받아들여졌다"라는 것이 복음이 아니다. 복음은 사랑이 아니다. 그런 메시지는 우리에 대한 심판의 필요성을 회피하는 방식에 불과하고, 우리는 피상적인 영혼을 소유하게 된다. 나는 어떤 사람을 있는 모습 그대로 수용하는 데 만족하지 않는다. 다른 사람들도 알아차렸겠지만, 사람이 사람에게 줄 수 있는 최악의 충고는 "너 자신이 되라"는 것이다.

진정한 사랑은 우리가 하나님과 멀어진 상태이며 회개와 용서가 필요하다는 사실을 인정한다. 모든 사람이 쉽게 이행할 수 있는 이른바 사랑의 윤리는 이 현실을 직면하지 않는다. 그런 사랑의 윤리는 상대주의를 가리는 위장에 불과하며, 타고난 선택의 권리에 기초한 윤리적 최소주의(ethical minimalism)다. 이는 우리가 궁극적인 선이 무엇인지 알 수 없기에 그저 열린 태도로 타인을 선대하는 것이 최선이라고 전제한다.

이런 종류의 사랑은 결국 관용(tolerance)의 윤리에 불과하다. 그것은 우리의 자의적인 욕망과 기호에 기초한 비겁한 친절과 겉으로는 무해한 긍정의 윤리다. 그러면 이제 중요한 것은, 우리의 옳고 그름이 아니라 우리가 얼마나 진심이냐는 것이 된다. 더는 사람들이 잘못을 저지를 수 있다는 생각조차 할 수 없다. 하나님의 뜻을 벗어난다거나 악하다는 개념도 사라졌다. 우리는 그저 도움이 필요하거나 마음이 아프거나 망가진 사람일 뿐이다. 악한 의도와 잘못된 선택의 결과로 생긴 중대한 죄는 더 이상 존재하지 않는다. 단지 어긋난 사랑(disordered loves)만 존재할 뿐이다.

예를 들어, 이런 종류의 사랑밖에 남지 않았다면, 아이를 낳지 않는 것이 지구를 사랑하는 최고의 행동이라고 믿는 이들을 우리는 어떻게 대해야 하는가? 혹은 다운증후군 아이들은 가치 있는 삶을 살 수 없다고 판단해, 그들을 사랑한다는 이유로 모두 낙태해야 한다고 믿는 이들은 또 어찌한단 말인가? 대체 어떤 아이들에게 생명을 구하는 의료적 조치를 제공해야 하는가? 누구를 살리고 누구를 죽일지 가려내기 위해 사회적 가치 기준을 적용해야 하는가, 아니면 이를 순전히 운에 맡겨야 하는가? 사랑만으로 그 결정을 내릴 수 있을까?

이런 문제들은 항상 가장 사랑스러운 일을 하려 애쓰는 것만으로는 부족함을 여실히 드러낸다. 우리는 가장 사랑이 많은 사람이 아닐뿐더러, 가장 사랑스러운 일은 자신의 이익과 행복, 고통을 회피하려는 마음, 하나님의 뜻에 순종하기를 꺼리는 마음 같은 이데올로기로 손쉽게 변질된다. 예수님을 따르는 일은 현실을 있는 그대로 마주하는 것이다. 훈련과 고난 없이도 사랑이 올 수 있다고 가정한다면, 우리는 현실을 직면하지 못할 것이다. 고난 없이도 인간이 번영할 수 있다는 환상 가운데 있어도 마찬가지다. 우리도 고난을 각오해야 할지 모른다는 불안감을 덜기 위해 다른 이들이 고난받을 권리를 빼앗는 것은 가장 심각한 형태의 부도덕이자 불친절이다.

사랑은 다른 사람을 고난에서 건지는 것이 아니라, 고난 중에 있는 그들을 계속해서 기꺼이 사랑하는 것이다. 그리고 그러한 사랑에 어쩔 수 없이 따르는 고통과 죄책을 인내하며 붙드는 것이다. 우리가 기꺼이 그 일을 각오한다면, 그리스도가 사랑의 메시지를 전하러 오신 것이 아님을 비로소 이해하게 될 것이다. 오히려 그분은 친히 죽으시고 다시 살아나심으로써 세상과 우리가 현실의 두려움에서 벗어나 자유롭게 살게 하려 하셨다.

Part 2

하나님 나라의 복음

Jesus Christ

Church

그리스도 안에서
우리에게 열린 새로운 질서

Gospel

주 예수님, 우리를 겸손하게 하셔서 주님의 말씀을 듣고 순종할 수 있게 하소서. 성경 안에서 주님 자신을 선물로 주심에 감사드립니다. 성경의 복잡함에 또한 그 단순함에 기뻐합니다. 주님의 말씀 앞에서 우리의 생각이 무너지도록 우리에게 단순한 마음을 주소서.*

good News

6

하나님이 가능케 하시는 불가능한 일

그런즉 너희는 먼저
그의 나라와 그의 의를 구하라
그리하면 이 모든 것을
너희에게 더하시리라.

// 마태복음 6장 33절

산상수훈은 종말론적 선언문이다. 이 말씀은 만물의 종말, 곧 하나님이 세상을 움직이시는 궁극적인 방향과 지금 우리 가운데 이미 임한 하나님 나라의 현실에 대해 다룬다. 그러므로 우리는 이 말씀을 하나님 나라의 관점에서 읽어야 한다. 예수님의 가르침과 기적, 치유는 도래할 하나님 나라의 성격뿐 아니라 그 임재도 가리킨다. 예수님의 인격과 그분의 사역은 분리할 수 없다.

산상수훈은 하나님이 세계 역사를 바꾸기 위해 행하신 일을 선포하는 선언으로 시작된다(마 4:23-25). 예수님은 새로운 율법을 가르치거나 불가능한 이상을 제시하지 않으신다. 오히려 하나님 나라가 우리 가운데 틈입할 때의 삶이 어떤 모습인지를 묘사하신다. 산상수훈에서 우리는 예수님 안에서 구현된 역사의 종말을 보며, 그 종말은 그분의 십자가 처형과 부활에서 가장 분명하고 명확하게 드러난다.

따라서 예수님을 따르는 이들은 역사를 바로잡기 위해 우리가 할 수 있는 일이나 해야 할 일에 대한 조급하고 자기 잇속을 챙기는 질문들에는 관심이 없다. 하나님은 그리스도 안에서 이미 역사를 바로잡으셨다. 산상수훈은 그리스도 안에 계신 하나님이 모든 것을 맡아 주관하시는 세상이 열렸음을 전제로 한다. 하나님이 세상을 주관하시는 방식의 핵심은, 하나님이 창조하시는 세상이 눈에 보이고 구체적인 형태로 나타나는 메시아적 공동체, 즉 새로운 왕국의 시민이 되라는 초대다.

이것이 복음이다! 산상수훈은 하나님께서 가능케 하시는 불가능한 일이다. 이제 우리는 하나님의 평화에 따라 이루어진 세상에서 살아갈 힘을 얻었기 때문이다. 예수님은 외치신다. "좋은 소식이 있다! 인생은 단지 부를 취하는 것 이상이다. 행운과 좋은 음식 이상이다. 자신이 바라는 것을 얻는 것보다도 더 중요한 것이 있다!" 예수님은 선포하신다. "좋은 소식이 있다! 인생은 너희의 욕망과 탐욕, 분노, 반격할 권리를 만족시키는 것 이상이다. 너희 이미지를 유지하고 다른 사람들에게 좋게 보이는 것 이상이다. 인생에는 그보다 중요한 것이 훨씬 더 많다!"

산상수훈에 대해 가장 흥미로운 질문은 '이것이 정말 세상을 살아가는 실용적인 방법인가?'가 아니라, '이것이 정말 세상이 존재하는 방식인가?'이다. '실용적'이거나 '현실적'이라는 것은 결국 현실과 연결된다. 만일 세상이 강하고 독립적이며 자유롭고 성공한 사람들만 복을 받는 사회라면, 우리는 그에 맞게 행동할 것이다. 그러나 세상이 실제로 가난한 자들, 굶주린 자들, 의를 위해 박해받는 자들에게 하나님이 복 주시는 곳이라면, 우리도 그 현실에 맞게 행동해야 한다. 그렇지 않으면 세상과 전혀 어울리지 않는 사람처럼 보일 것이다.

세상은 우리가 죽음을 늘 경계하며, 슬프지만 피할 수 없는 현실에 맞서 울타리를 쳐야 하는 곳인가? 아니면 그리스도의 십자가라는 진리 앞에서 우리 죽음을 바라보고 받아들이며 깊이 성찰해야 하는 곳인가?

예수님이 하나님의 미래가 이 땅에 침투해 들어온 존재가 아니시라면 우리에게 남는 것은 이해하기 어려운 낯선 명령들뿐이며, 그것들은 지극히 비현실적이고 불길하게만 보일 것이다. 우리는 이혼에 관한 명령은 무시하면서, 원수를 사랑하지 않는 사람들을 향해 비난을 퍼붓는다. 세상이 알지 못하는 진리를 알고 그에 따라 삶을 꾸려 나가는 종말론적이고 메시아적인 공동체라는 올바른 맥락 안에서 이해되지 않는다면, 예수님의 가르침은 지극히 비현실적이거나 지나치게 무거운 짐처럼 보일 뿐이다.

우리가 산상수훈대로 살고자 애쓰는 것은 그것이 하나님의 본성이요, 우리가 그런 존재가 되도록 정해진 운명이기 때문이다. 교회는 우리를 그 목적지로 이끄는 공동체다.

Good News

7

팔복, 하나님 나라의 삶을 보여 주는 약속

예수께서 눈을 들어 제자들을 보시고
이르시되 너희 가난한 자는 복이 있나니 ……
그러나 화 있을진저 너희 부요한 자여 …….

// 누가복음 6장 20-26절

이렇게 시작하는 설교를 상상해 보자. "가난한 사람은 복이 있습니다. 배고픈 사람은 복이 있습니다. 실직한 사람은 복이 있습니다. 별거 중인 사람은 복이 있습니다. 불치병에 걸린 사람은 복이 있습니다."

청중은 깜짝 놀란다. '이게 무슨 소리지?' 세상 나라에서는 실직자를 마치 사회적 질병에라도 걸린 사람처럼 취급한다. 불치병에 걸린 환자를 의료 체계에 부담을 주는 사람, 사람들 눈에 띄지 않게 치워 버려야 할 존재로 여긴다. 그런 사람들이 어떻게 복을 받았다고 말할 수 있는가?

설교자는 말한다. "죄송합니다. 좀 더 분명하게 말씀드려야 했군요. 저는 지금 세상 나라의 방식을 말하는 것이 아닙니다. 이 땅에 임한 하나님 나라에 대해 이야기하는 것입니다. 하나님 나라에서는 가난한 사람이 왕족이며, 아픈 자가 복받은 자입니다. 저는 여러분이 익숙한 것을 낯설게 보도록 하려는 것입니다."

산상수훈은 설교자가 설교를 듣는 우리에게 먼저 '하나님이 누구를 복 주시는지 보여 줄 때' 우리도 복된 삶으로 나아갈 수 있다는 가정에 기초한다. 팔복(八福)은 더 나은 사회를 이루기 위한 전략이 아니다. 그것은 새로운 사회가 침투해 들어오는 하나의 그림이자 비전이다. 팔복은 하나님 나라의 삶을 보여 주는 직설법이며, 약속이고, 실제

사례이며, 상상력을 불러일으키는 본보기다.

팔복을 긍정적 사고의 격언이나 세상살이에 유익한 새로운 규칙쯤으로 축소해 버릴 때, 우리는 그것이 지닌 모든 깊이를 놓치게 된다. '화평하게 하는 자가 되라', '온유하라', '가난한 자들을 먹이라'라고 말하면서 사람들을 몰아세우는 도덕주의적 설교가 지금껏 얼마나 많았는가? 복음의 직설법은 명령형으로 바뀌고, 그것은 실천하는 사람 안에서 작동하는 자기기만의 방식에 따라 윤리적 행동주의, 불안, 안정감이라는 관습적 형태를 낳는 새로운 규칙이 되어 버린다. 그리하여 우리가 러시아와 조약을 맺지 않으면 그들이 우리를 날려 버릴지도 모르니 화평하게 하는 자가 되는 것이 곧 '이치에 맞는' 일이 된다. 누군가와 화해하는 것이 그럴듯하게 여겨지는 이유는, 그래야 당신의 삶과 인간관계가 더 편안해질 것이기 때문이다.

우리는 성경이 주로 우리가 무엇을 해야 하는지 말하는 책이라고 착각하곤 한다. 그러나 성경은 오히려 하나님이 세상에서 어떤 분이신지를 보여 주는 그림이다. 산상수훈의 기본 메시지는 무엇이 효과가 있는지가 아니라 하나님이 어떤 분이신지를 다룬다. 한쪽 뺨을 친 자에게 다른 뺨도 돌려 대라고 가르치는 것은 그렇게 하는 것이 효과적이어서가 아니라, 그것이 하나님의 방식이기 때문이다. 하나님은 배은망덕하고 이기적인 사람에게도 자비로우시다. 예수님이 곧 산상수훈이다.

그분의 가르침은 우리가 원하는 것을 손에 넣기 위한 전략이 아니다. 하나님이 원하시는 것과 그분이 그리스도 안에서 하신 일을 우리가 보았기에 우리가 행할 수 있게 된 삶의 모습이다. 즉, 우리가 화해를 추구하는 것은 이웃과 화해하면 마음이 편해져서가 아니라, 그것이 그리스도 안에서 하나님이 세상에서 하고 계신 일이기 때문이다.

\\\\\\\\\\\

팔복은 우리가 손에 넣으려고 애쓰는 이상으로 둔갑할 때가 많다. 하지만 예수님은 우리더러 심령이 가난하거나 온유하거나 화평하게 하는 자가 되기 위해 애쓰라고 말씀하시지 않는다. 하나님 나라로 부름받은 많은 사람이 그런 존재가 되어 있음을 깨닫게 되리라고 말씀하실 뿐이다.

우리는 온유하거나 자비로운 자가 되려고 애를 써서 온유하신 예수님의 제자가 되는 것이 아니다. 그분의 제자가 되는 법을 배우면 어느새 온유해진 자신을 발견하게 될 것이다. 예수님의 온유하심은 십자가에 이르기까지 복종하신 데서 가장 잘 드러나는데, 그분은 십자가 위에서도 그분을 박해하는 자들에게 아무 해가 없기를 바라셨다. 또한 병들고 지친 자들이 내미는 손을 마다하지 않으시고, 사회적으로 소외되고 힘없는 사람들과 함께하시며, 고통의 시간 중에도 제자들과 식사를 나누신 모습에서도 잘 드러난다. 이 마지막 식사는 이제 새 시대의 만찬이 되었다.

팔복에서 난처한 부분 중 하나는 우리에게 불쾌감을 일으키는 내용이다. 특히 우리는 온유한 사람을 존경하거나 그런 사람이 되고 싶어 하지 않는다. 우리 생각에 온유한 사람이란 야망이나 강한 동기가 부족한 사람이다. 온유한 사람은 거칠고 험한 세상에서 살아남기 힘들다. 만일 그런 세상이 전부라면, 그 말도 틀리지 않을 것이다. 물론 남을 짓밟고서라도 앞서 나가는 법밖에 모르는 세상에서 온유하거나 화평하게 하는 사람이 된다는 것은 성공과는 거리가 멀어 보인다. 예수님의 첫 제자들이 늘 금욕하며 부족하게 산 것도 어찌 보면 당연하다.

본회퍼가 《나를 따르라》(The Cost of Discipleship)에서 언급한 대로 그들은 "가난한 자 중에 가장 가난하고 시험당한 자 중에 가장 시험당하며 굶주린 자 중에 가장 굶주린 자들이다. 그들에게는 주님밖에 없다. 그렇다. 그분과 함께라서 세상에서는 아무것도 없지만, 그분과 함께이기에 모든 것을 가진다." 그렇지만 예수님은 제자들의 고통을 보시고 느끼셨으며 그들을 불쌍히 여기셨다. 예수님이 복 있는 사람이라고 하신 이들은 단순히 불행해서가 아니라, 진정한 생명으로 이끄는 주님의 부르심에 그들이 응답했기 때문이다.

사도 바울은 하나님이 세상의 미련한 것들로 지혜 있는 자들을 부끄럽게 하시고 세상의 약한 것들로 강한 것들을 부끄럽게 하심을 말한다(고전 1:27). 그러니 주변을 둘러보라. 심령이 가난한 자, 애통하는 자, 온유한 자, 의에 주리고 목마른 자, 긍휼히 여기는 자, 마음이 청결한 자, 화평하게 하는 자, 박해를 받은 자가 있는지 살펴보라.

십자가로 이룬 나라에서 섬기도록 부름받은 당신이 '정의를 행하고 인자를 사랑하며 겸손히 하나님과 함께 걷는' 법을 배운 사람들(미 6:8) 사이에 있게 되더라도 놀라지 말라. 당신이 세상의 지혜에 대한 대안으로 이 세상에 존재하려면, 겉으로는 그다지 '인상적으로' 보이지 않더라도 이런 은사들이 필요할 것이다.

하나님과 서로에게 온전히 의지하는 법을 배운 사람들이 이루는 공동체만이 예수님의 십자가로 이룬 지혜를 세상에 보여 줄 수 있다. 바로 이런 사람들을 주님은 복이 있다고 하신다.

Good News

8

이미 우리 가운데 임하신 '온전함'을 바라볼 때

그러므로 하늘에 계신
너희 아버지의 온전하심과 같이
너희도 온전하라.

// 마태복음 5장 48절

산상수훈에 담긴 예수님의 메시지가 좋은 소식인 까닭은 그것이 세상이 이미 아는 것, 세상이 좋은 행위로 정의하는 것, 누구에게나 상식인 것에 강력하게 반대하기 때문이다. 산상수훈은 그 선언과 요구를 통해 새로운 종류의 공동체, 곧 하나님 나라를 대표하는 공동체를 형성할 필요성을 만들어 낸다. 이는 제자들이 다르게 살려고 애쓰는 사람들이어서가 아니라, 산상수훈을 믿고 살아 낼 때 우리가 달라지기 때문이다. 하나님의 경륜 안에서 이상한 곳은 오히려 세상이다. 세상은 모든 이에게 타당한 것들이 하나님이 하시는 일에 맞서고 있음이 드러나는 기이한 곳이다. 예수님은 세상이 타당하다고 여기는 말이나 행동을 하셔서 십자가에 달리신 것이 아니다.

그리스도를 따르는 이들은 사회에 만연한 흐름과 정반대의 길을 따르기 때문에 십자가에 못 박힌다. 만약 예수님이 누가 당신 뺨을 칠 때 다른 편 뺨도 돌려 대는 행위를 다른 사람에게서 최선을 끌어내는 데 유용한 전략으로 옹호하셨다면, 그분은 윤리적으로나 심리적으로 순진하다는 비판을 받아 마땅했을 것이다(마 5:39). 만약 그분이 로마 군인의 짐을 자발적으로 더 멀리까지 대신 져 주는 일이 로마 점령군 속에 숨은 기본적인 인간성을 끌어내는 데 도움이 되니 타당한 일이라고 말씀하셨다면, 인간이 실제로 어떻게 행동하는지를 전혀 모르는 낭만주의자라는 정당한 비판을 받았을 것이다. 하지만 예수님은 그런 주장은 하지 않으신다.

오히려 마태복음 5장의 결론부에서 분명히 밝히듯이, 제자들이 한쪽 뺨을 맞고도 다른 쪽 뺨을 돌려 대고, 강제로 로마 군인의 짐을 지고 5리를 가게 할 때 자발적으로 10리를 동행하며, 성적 문란함을 피하고, 결혼 서약을 충실히 지키는 이유는 하나님이 그런 분이시기 때문이다. 그리스도의 제자들은 관습을 떠나 하나님의 성품에 삶의 기초를 두는 사람들이다. "하늘에 계신 너희〔그들의〕아버지의 온전하심과 같이 …… 온전하〔려는〕" 이들이다(마 5:48).

예수님은 정말로 우리가 이 말씀을 문자 그대로 따르기를 의도하셨을까? 그렇지 않다면 왜 그토록 일상의 세세한 부분들에 관심을 기울이셨을까? 예수님은 누군가가 우리에게 잘못했을 때, 우리를 공격할 때, 혹은 우리가 누군가와 결혼했을 때 어떻게 해야 하는지에 대해 매우 실제적인 지침을 주시는 듯하다. 분명 예수님은 우리가 제자로서 어떻게 살아야 하는지를 일상 속에서 구체적으로 가르치셨다.

하지만 예수님은 정말로 우리가 그분의 가르침을 다양한 사회생활에서 구체적으로 나타내기를 의도하셨을까?

원수를 사랑하는 것과 이 사랑을 우리 일상의 복잡한 사회적 질문들에 적용하는 것은 별개의 문제다. 태생적으로 자기 이익만을 추구하는 개인들이 모인 이 사회에서 원수 사랑이 얼마나 현실적이라고 할 수 있을까?

그런 논리는 예수님이 염두에 두신, 눈에 보이고 실제적인 공동체의 형성을 간과한다. 모든 기독교 윤리는 사회 윤리인데, 예수님을 따르는 이들은 사회적·공동체적·정치적 출발점인 교회를 전제로 하기 때문이다(벧전 2:9-10). 예수님의 제자들로서 우리의 모든 윤리적 반응과 실천은 바로 여기서 시작된다. 교회의 가르침, 지원, 희생, 예배, 전례, 헌신을 통해 아주 평범한 사람들이 비범하고 영웅 같은 행동을 할 수 있게 되는데, 이는 그들의 재능이나 능력 때문이 아니라 기독교적 덕을 형성하고 유지할 수 있는 공동체를 소유한 덕분이다. 교회는 우리가 홀로 살아갈 때보다 더 나은 사람이 될 수 있게 해 준다.

예를 들어, 내가 공개적으로 평화주의자를 자처하는 이유는 내가 본성적으로 폭력적이라는 사실을 알기 때문이다. 사람들로 하여금 나에 대해 일정한 기대를 갖게 함으로써, 그들이 내가 옳다고 아는 것을 지키며 살아가도록 도와줄 것이라 믿는 것이다. 이와 마찬가지로, 나는 산상수훈이 하나의 공동체를 이루게 하며, 그 공동체 역시 산상수훈을 통해 형성된다고 생각한다. 그 공동체는 산상수훈이 묘사하는 방식대로 살아가기 위해 서로를 신뢰하고 서로의 도움을 필요로 한다는 것을 배운 공동체다. 다시 말해, 산상수훈의 목적은 상호 의존을 만들어 내는 것이다. 산상수훈은 우리로 하여금 서로를 필요로 하게 만든다. 만약 서로가 없다면, 믿음은 수많은 조건들 속에서 서서히 죽어 갈 것이다.

이는 교회라는 몸에 속하지 않은 이들에게는 산상수훈이 말이 되지 않는다는 뜻이다. 진정한 인간이라면 독립해야 한다고, 자기를 돌보는 것은 전적으로 자신의 책임이라고 말하는 우리 사회에서 특히 그렇다. 따라서 산상수훈을 제대로 이해하려면 예수님을 예배하지 않는 사람들에게는 기대할 수 없는 공동체의 습관으로 형성된 사람들이 먼저 되어야 한다.

'그리스도로 인해 가능해진 공동체'와 동떨어진 개인은 예수님이 선포하신 삶을 살아갈 수 없다. 예수님이 말씀하신 이른바 난해 구절은 전부 우리가 타인의 지지와 신뢰를 의지하지 않고서는 그분의 메시지를 살아 낼 수 없음을 일깨우기 위해 의도된 것이다. 성경은 우리를 위해 보물을 쌓아 두지 말라고 말하는데, 그래야 나누는 법을 배우기 때문이다. 성경은 염려하지 말고 미래를 보장하기 위해 애쓰지 말라고 말하는데, 그래야 의식주를 위해 서로를 의지하게 되기 때문이다. 성경은 판단하지 말라고 말하는데, 그래야 서로 정직하고 진실하며 자비롭게 살아갈 수 있기 때문이다.

순결한 삶, 이혼을 생각하지 않는 결혼 생활, 맹세가 필요 없는 삶, 악을 악으로 갚지 않는 것, 원수를 사랑하는 법을 배우는 것. 이 모두는 고립된 개인에게는 불가능하다. 이런 방식으로 행동하는 것은 우리 개인의 힘만으로는 불가능하다. 마치 불안해하지 않으려 의지로 억누를수록 오히려 불안이 더 커지는 것과 같다. 새 시대에 속했다는 기쁨 속에서 두려움을 잊을 만큼 매혹적인 모험으로 형성된 공동체에 속할 때에야 비로소 우리는 불안에서 해방될 수 있다.

예수님의 가르침에 이런 식으로 접근하는 것은 산상수훈에 대한 여러 전통적인 접근법과는 상당히 다르다. 그런 접근법들은 대개 산상수훈을 문자적으로 해석해서는 안 되는 이유를 볼 수 있게 도와준다. 예를 들어, 어떤 사람들은 산상수훈의 요구 사항, 특히 "……을 너희가 들었으나 나는 너희에게 이르노니"와 연관된 내용이 종교인과 독신자 등 선택된 소수만을 위한 말씀이라고 주장했다. 하지만 예수님이 그분의 말씀을 그렇게 제한하셨다는 암시는 어디에도 없다. 이 제한적 적용을 받아들이면 온 교회가 거룩하라는 부르심을 받았다는 우리의 이해에 위반되는 이중 윤리라는 결과를 낳는다.

산상수훈이 모든 그리스도인에게 유효하지만 순진하게 적용해서는 안 된다고 주장하는 이들도 있다. 보통 사람이라면 다른 뺨을 돌려 대거나 원수에게 선행을 베풀 수도 있지만, 그리스도인 판사나 군인은 범법자를 처벌한 책임이 있다는 것이다.

산상수훈을 해석하는 흔한 방법 중 한 가지는, 우리가 자기 죄를 깨닫도록 예수님이 불가능할 정도로 고차원적인 이상을 제시하신다는 것이다. 우리가 은혜 앞으로 나아가도록 말이다. 다시 말해, 산상수훈은 우리가 어떻게 행동할지를 알려 주는 것이기라기보다, 그리스도인의 도덕적 삶이 사랑임을 일깨워 주기 위한 것이라는 말이다. 이런 관점은 그리스도인의 삶을 지나치게 내면화해서 그리스도인은 사랑의 동기라면 무슨 일이든 할 수 있다는 생각을 낳기 쉽다. "사랑한다면 하고 싶은 대로 하세요." 아, 내가 들어 본 중에 최악의 조언이다! 이는 기독론에는 더 심각한 영향을 미친다. 이 모두가 그저 사랑의 문제라면 왜 굳이 예수님을 십자가에까지 못 박았을까?

'예수님 말씀을 문자 그대로 받아들여야 하는가?'라는

태도로 산상수훈에 접근한다면 이것이 예수님이 가르치신 설교라는 사실을 놓치게 된다. 이 말씀을 선포하신 분이 예수님이라는 점이 결정적인 차이를 만든다. 게다가 그분은 이 말씀을 그저 선포하기만 하신 것이 아니다. 그분이 곧 새 시대의 시작이시다. 온전함은 우리가 애써 이루려는 목표가 아니다. 이미 그것이 우리 가운데 임하여 영향을 끼치고 있기 때문이다.

산상수훈의 메시지와 그 메시지를 전하는 사람을 분리할 수 없다. 예수님은 사람들이 고대하던 메시아이시자 하나님 나라 왕이시며, 그분의 삶과 죽음과 부활을 통해 우리가 산상수훈이 그리는 삶에 합당하게 살 수 있게 하셨다. 산상수훈은 예수님의 삶의 형태일 뿐이며, 예수님의 삶은 그 산상수훈에 굴절되어 드러나는 프리즘이다. 요약하자면, 산상수훈은 "믿음의 주요 또 온전하게 하시는" 예수님을 바라보는 사람들에게는 전혀 불가능해 보이지 않는다 (히 12:1-2).

good News

9

기존 질서를 뒤엎는 하나님 나라의 의

내가 너희에게 이르노니
너희 의가 서기관과 바리새인보다
더 낫지 못하면
결코 천국에 들어가지 못하리라.

// 마태복음 5장 20절

예수님은 우리의 의가 바리새인과 서기관의 의보다 더 나아야 한다고 말씀하신다. 그분은 그것을 지키기만도 이미 힘든 옛 명령을 반복해서 인용하시고는("너희가 들었으나") 그 의미를 한층 더 깊이 파고드신다("나는 너희에게 이르노니"). 잠재적인 도덕적 영웅들의 어깨에 엄청난 윤리적 부담을 더 얹으시려는 것이 아니라, 우리 가운데 벌어지는 일을 자세히 설명하시기 위해서다.

그분의 명령은 어떤 결론을 도출할 수 있는 법 조항이 아니라, 우리의 상상력을 흔들어 깨우기 위해 고안된 상징적인 은유다. 이를 통해 우리는 우리 삶을 근본적으로 새롭게 바라보게 된다. 예수님의 요구는 우리를 한계까지 밀어붙이는데, 이는 단지 도덕적 실천을 촉구하기 위함이 아니라, 우리가 늘 들어 온 것과는 전혀 다른 새로운 무언가를 보도록 하여 옳고 그름에 대한 과거의 이미지를 더는 의지할 수 없게 만들기 때문이다.

예수님은 바리새인과 서기관의 위선을 비판하신다(마 15:1-9). 율법의 사소한 문제는 강조하면서 더 중한 문제는 무시하는 태도, 탐욕, 방탕을 비판하신다(마 23:23-26). 모든 비판은 율법의 목적에 대한 이스라엘의 이해에서 비롯된다. 선지자들도 율법을 지키지 못한 이스라엘을 비슷하게 비판했다. 하지만 바리새인과 서기관에 대한 예수님의 비판은 율법을 넘어선다. 그분은 율법 준수라는 정치 자체에 도전하신다. 서기관과 바리새인의 의, 곧 거룩함을 지키고자 하는 그들의 정당한 열망은 하나님의 신실한 백성이 되려는 시도였지만, 그들의 율법 준수가 그들을 통치하는 사람들에게 전복적인 행위로 인식되지 않게 하려는 것이기도 했다.

하지만 예수님은 그분의 제자가 되려는 이들이 그렇게 행동하거나 존재하도록 허락지 않으신다. 예수님은 로마 제국을 도덕적으로 개조하거나 폭력으로 타도하지 않으셨는데, 이는 그분이 수적으로 열세여서가 아니었다. 그분의 나라는 로마의 폭력과 폭력으로 로마를 무너뜨리려는 자들뿐 아니라, 현상을 유지하려는 자들에게까지도 철저히 다른 대안이었기 때문이다. 그리스도 나라의 의는 너무나 전복적이라 결국 그분이 십자가에서 돌아가시는 결과를 가져온다. 예수님은 기존 질서 가운데서 하나님의 새로운 질서에 합당하게 살아갈 수 있는 백성을 부르신다.

예수님이 말씀하신 질서란 어떤 종류의 질서인가? 어떤 사회적 대안이며, 어떤 전복적 공동체인가? 이것은 자발적으로 참여하는 사회였다. 거기서 태어났다고 해서 자동으로 그 시민이 될 수 있는 것이 아니었다. 회개하고 그 왕이신 예수님께 자발적으로 충성을 맹세해야만 그 사회에 들어갈 수 있었다. 태어난 것만으로는 그 공동체의 구성원이 될 수 없었다. 즉, 부모 세대가 그곳에 있다고 해서 다음 세대가 자동으로 포함되는 일은 없었다.

또한 구성원이 혼합된 사회였다. 인종과 종교가 다양해서 유대인과 이방인, 율법을 열광적으로 준수하는 사람과 온갖 형식에서의 자유를 옹호하는 사람, 철저한 유일신교도와 우상숭배에서 이제 막 벗어나기 시작한 과정에 있는 여러 다른 사람들이 한데 섞여 있었다. 경제적으로도 다양해서 부자와 가난한 자가 모두 참여했다.

예수님은 그들을 함께 부르시면서 그 구성원들에게 새로운 삶의 방식을 주셨다. 범죄자들을 다루는 새로운 방법을 주셨다. 그들을 용서하는 것이다. 폭력을 다루는 새로운 방법을 주셨다. 고난받는 것이다. 돈을 다루는 새로운 방법을 주셨다. 나누는 것이다. 리더십 문제를 다루는 새로운 방식을 주셨다. 가장 낮은 자에 이르기까지 모든 구성원의 은사를 활용하는 것이다. 부패한 사회를 다루는 새로운 방법을 주셨다. 옛 질서를 깨부수지 않고 새 질서를 세우는 것이다. 남자와 여자, 부모와 자녀, 주인과 종 사이에 새로운 관계를 주셨다. 그것은 인간 존재의 의미에 대한 근본적인 새 시각이 구체적으로 드러난 관계였다. 주님은 그들에게 국가와 '원수의 나라'를 대하는 새로운 태도를 주셨다.

이 비전이 산상수훈의 핵심에 자리한다. "······하였다는 것을 너희가 들었으나 나는 너희에게 이르노니······"(마 5:21-48). 여기에 소망이 있다. 살인, 간음, 이혼, 맹세, 보복, 원수 미워하는 것을 금하신다. 율법도 늘 이런 것들을 금하기는 했다. 하지만 예수님이 불러내신 공동체는 율법이나 율법이 금하는 내용에 따라 정의되거나 동기가 부여되는 공동체가 아니다. 그리스도는 의보다 더 크시고, 성령을 통해 하나님 나라가 우리 가운데 틈입하여 우리 삶을 바꾸어 놓으시기에 그분의 의가 실현될 수 있다.

우리는 그리스도 안에서 아버지와 화해하고 서로 화해할 수 있다. 그 화해로 이루어진 공동체에서 우리는 형제자매를 향해 분을 품지 않고 용서하는 마음으로 화해를 추구할 수 있다. 예수님은 너무나 큰 요구를 동반하는 하나님 나라에 참여하라고 우리를 초대하신다. 그 나라에 참여하면서 우리는 욕망이나 '의로운' 분노, 진리를 타협하는 방식에 집중하느라 시간을 낭비할 겨를조차 없다는 사실을 깨닫게 된다. 약속을 어기거나 서로 '잘 지낸다'라는 거짓말 뒤에 숨는 것보다 더 나은 존재 방식을 발견한다. 우리에게 해를 끼치려는 이에게 앙갚음하지 않음으로써 폭력의 악순환을 끊을 수 있다. 나아가서 사랑의 행위까지 보여 줄 수 있다. 하나님 나라와 그분의 의를 실현할 수 있다.

Part 3

세상 속의 교회

Jesus Christ

Church

하나님의 대안적 사회로서의
교회 공동체

Gospel

우리 주 예수 그리스도의 아버지, 모든 찬양을 받으소서.
주님은 교회에 생기를 불어넣으사 교회를 세우시고,
우리가 서로 지체가 되게 하셨습니다. 우리가 주님의
몸이라는 사실이 얼마나 큰 신비인지요. 그로 인해
주님을 찬양합니다. 그렇지 않았다면 우리는 너무나
외로웠을 것입니다. 홀로 살고 홀로 죽을 수밖에 없었을
것입니다. 하지만 주님은 외모도 키도 다양한, 서로 다른
사람들을 우리에게 허락하셨습니다. 우리는 서로 잘 맞지
않는 부분도 있지만, 우리 삶의 퍼즐 조각들이 주님께
기쁨이 되기를 기도합니다. 그리하여 마침내 우리 모두가
합해져 주님의 나라를 이루기를 소망합니다. 그 나라에
대한 확신을 품고, 성자 하나님의 부활의 빛 가운데
살아가도록 도와주소서. 그리하여 결국에는 우리를
지켜보는 이들의 입에서 이런 말이 흘러나오게 하소서.
"저들은 이상한 사람들이지만, 서로 얼마나 사랑하는지
보라."*

God's Alternative Society

10

교회, 하나님의 새 언어

오순절 날이 이미 이르매
그들이 다 같이 한곳에 모였더니
홀연히 하늘로부터 급하고 강한 바람 같은 소리가 있어
그들이 앉은 온 집에 가득하며
마치 불의 혀처럼 갈라지는 것들이 그들에게 보여
각 사람 위에 하나씩 임하여 있더니
그들이 다 성령의 충만함을 받고
성령이 말하게 하심을 따라
다른 언어들로 말하기를 시작하니라.

// 사도행전 2장 1-4절

예수님이 시작하신 하나님 나라는 성령의 오심으로 전진해 나간다. 그리스도의 삶과 죽음과 부활이 하나님이 이스라엘과 맺으신 약속의 완성은 아니었다. 그래서 부활하신 예수님은 제자들에게 그 약속이 온전히 이루어질 수 있도록 예루살렘에서 기다리라고 말씀하셨다. 오순절은 기독교력의 절정인데, 오순절이 있어야만 하나님의 구속 이야기 전체를 말할 수 있기 때문이다.

오순절은 출발점이기도 하다. 그리스도는 살아 계신 주님이시다. 머나먼 영적 영역에만 머물며 우리와 동떨어져 계신 분이 아니다. 새 시대가 시작되고 새로운 피조물이 태어났다. 모든 것은 하나님의 새로운 피조물, 곧 교회를 통해 요약될 수 있다. 하지만 오순절에 교회를 탄생시킨 강한 바람은 나라와 제국의 일과도 관련이 있다. 그 바람, 곧 성령은 과거의 제약과 우리를 갈라놓는 경계에 얽매이지 않는 새로운 나라를 만드셨다. 하나님의 구원은 새로운 사회의 창조인데, 그 사회는 이 세상 나라가 줄 수 없는 새 시대에 속하도록 우리 각 사람을 초대한다.

오순절에 하나님은 바벨에서 있었던 일을 되돌리셨다. 창세기 11장을 보면 원래 온 세상은 한 언어를 사용한 것을 알 수 있다. 사람들이 살기 좋은 곳을 찾아 이주하는 과정에서 보기 드문 협력 정신이 나타났다. 시날 평지를 만난 그들은 벽돌을 만들고 건축하는 법을 발견했다. 하지만 그들의 창의성은 엉뚱한 방향으로 흘러갔다. 그들은 자신의 존재가 선물에 의존하고 있다는 사실을 인정할 필요가 없다는 듯이, 창의적인 재능을 사용하여 살아갔다. 그래서 사람들은 이렇게 말했다. "자, 성읍과 탑을 건설하여 그 탑 꼭대기를 하늘에 닿게 하여 우리 이름을 내고 온 지면에 흩어짐을 면하자." 하나님은 이제 그들이 무슨 계획을 세우든 다 가능하다고 생각할까 봐 염려하셨다.

그래서 하나님은 그들의 언어를 "혼잡하게" 하시고(창 11:7) 그들을 온 지면에 흩어 각기 다른 고향과 땅, 역사를 가진 채 더는 협력하지 못하게 하셨다. 이 흩으심은 사실 선물이나 마찬가지였다. 서로 갈라져서 다른 언어와 장소가 만들어 낸 타자성을 경험함으로써 사람들은 자신의 한계와 피조물 됨을 깨닫는 데 필요한 자원을 받았다. 하나님의 심판은 그들을 고귀하게 만들 겸손을 다시 배우는 데 필요한 은혜였다.

그러나 우리 선조는 이 선물을 거부하고, 오히려 이런 분리를 무기 삼아 모든 민족에게 자기 부족의 언어를 쓰도록 강요하려 했다. 그래서 바벨에서 전쟁이 벌어졌다. 타자에 대한 공포가 각 집단을 지배하는 열정이 되어, 다른 이들을 자신들의 이야기 속에 포함시키거나 그렇지 않으면

멸망시키려는 동기가 된 것이다. 가인이 시작한 살인이 이제 확장되었다. 인류는 그것이 설사 자신의 죽음을 의미하더라도 타인을 말살할 것이다. 따라서 과거의 전투를 기준으로 우리의 날을 헤아리면서, 인류의 역사는 충돌과 정복과 전쟁의 역사가 되었다.

우리는 바벨이라는 배경이 있어야만 오순절의 특별한 사건을 이해할 수 있다. 강한 바람 같은 소리가 새 창조의 신호였다. 성령의 불이 깨끗이 태워 새로운 이해를 가능하게 하셨다. 디아스포라 유대인들은 각자 자기들의 언어로 '예수님을 따르는 이 갈릴리 사람들이 하나님의 위대한 일을 말하는 것'을 들었다. 여러 부족 가운데 흩어져 살면서 언어를 배운 하나님의 백성이 이제는 공통의 이해로 다시 하나가 되었다. 하나님의 임재의 징표로 세워진 바로 그 사람들 가운데서 바벨탑의 상처가 치유되기 시작했다.

그 치유의 기쁨이 그들을 분명 황홀감에 사로잡히게 했을 것이다. 말 그대로 하나님의 창조가 아니라면 불가능한 기쁨이다. 갈등과 상처와 복수의 끝없는 악순환에서 해방되었다는 사실을 아는 데서 비롯된 기쁨이다. 우리가 잠시 자기를 잊는 순간에 경험하는 연합의 기쁨이다. 그러니 구경꾼들이 이들이 단순히 센 포도주를 마셔서 이런 이상한 행동을 한다고 생각한 것도 당연하다.

확실히 성령은 자유롭고 강력하게 임재하셔서 백성이 없던 곳에 새로운 백성을 창조하시지만, 그분은 초기 신자들도 알았고 우리도 아는 영이시다. 성령이 하시는 일은 하나님의 통치와 다스림을 미리 예고하신 나사렛 예수가 행하신 일과 다르지 않기 때문이다. 요한복음에서 예수님은 자신이 떠나야만 진리의 영이신 보혜사가 오셔서 그분을 증거해 주시리라고 제자들에게 말씀하신다(요 16:5-16). 성령이 예수님에 대해 하시는 증언이 제자들의 증언을 바꾸어 놓는데, 그들이 처음부터 보았지만 제대로 보지 못했던 것을 이제는 볼 수 있게 되었기 때문이다.

오순절이 예시한 인류의 하나 됨은 그냥 아무 연합이 아니라, 나사렛 예수의 종말론적 사역으로 가능해진 연합이다. 이 하나 됨은 경계를 무너뜨리고 사람들을 한데 모으며 새로운 이해를 불러온다. 그런데 이는 다른 언어의 존재를 부정하는 인공어 에스페란토어 같은 것으로 만들어지지 않는다. 단일 정치 체제나 기술 체제는 말할 것도 없고, 단일 언어를 만들어서 공동체를 세우려는 시도는 타인을 타인으로 이해함으로써 성령이 이루신 하나 됨을 찾으려는 시도가 아니다. 오히려 우리의 역사와 다름을 잊어버리게 하려는 시도다.

오순절에 하나님은 새 언어를 창조하셨다. 그러나 그

것은 말이 아니라 돌봄(care)이 육화된 언어다. 그것은 불의 세례이며, 우리는 이 세례를 통해 구세주에 대한 기억이 하나의 기적을 만들어 내는 공동체, 곧 서로의 다름이 오히려 연합과 사랑에 기여하는 백성의 공동체 속으로 들어가게 된다.

우리는 이 새로운 창조를 '교회'라 부른다. 교회는 말씀과 성례전으로 구성되며, 우리가 전하는 이야기는 그저 말로만이 아니라 행동으로 구현되어야 한다. 그 이야기를 전하면서 우리는 하나님의 복음을 듣고 순종할 수 있는 백성, 그 공동체의 삶으로 하나님의 화해 사역을 증거하는 백성이 되라는 도전을 받는다.

따라서 오순절에 하나님이 주신 선물에 충실하기 위해서 교회는 세상의 주목을 받을 수밖에 없다. 그리스도의 제자들에게는 들려줄 이야기가 있는데, 그리스도 안에 있는 하나님이 그 이야기의 주인공이시다. 그리스도인들은 그 이야기에 참여하지 않고서는 그 이야기를 들려줄 수 없다. 그리스도 안에 있는 하나님의 이야기는 세상에 존재하는 여러 이야기 중 하나가 아니라, 하나님이 창조하시고 구속하신 세상의 이야기이기 때문이다.

우리의 분열을 치유하려고 하나님이 교회를 창조하셨다는 내용이 빠지면 그 이야기를 제대로 전달할 수 없다.

하나님은 오순절에 하신 일을 지금도 계속해서 하고 계시기 때문이다. 하나님은 교회의 존재를 새롭게 하고 지키셔서 바벨의 대안이 있음을 세상에 알리신다. 우리에게는 정말로 바벨의 대안이 있다. 혼란의 대안, 서로에 대한 두려움의 대안, 전쟁에 대한 대안이 있다. 우리에게는 대안적인 이야기만 있는 것이 아니다. 우리가 교회로 존재하는 한 우리가 곧 대안이 된다. 우리가 하나님의 새 언어다.

God's Alternative Society

11

진실하게 말하며,
진실하게 살아가며

오직 사랑 안에서 참된 것을 하여
범사에 그에게까지 자랄지라
그는 머리니 곧 그리스도라
그에게서 온몸이 각 마디를 통하여
도움을 받음으로 연결되고 결합되어
각 지체의 분량대로 역사하여
그 몸을 자라게 하며
사랑 안에서 스스로 세우느니라.

// 에베소서 4장 15-16절

사도 바울은 "사랑 안에서 참된 것"을 말하여 "범사에 그에게까지 자랄지라 그는 머리니 곧 그리스도라"라고 권면한다. 나아가서 그는 그리스도가 주장하신 우리가 그리스도 안에서 진리를 배워 탐욕과 방탕에서 해방되었다고 말한다. 그렇게 배워서 심령이 새로워진 우리는 거짓을 버리고 "각각 그 이웃과 더불어 참된 것을 말〔해야〕" 한다(엡 4:23, 25).

이 본문은 우리가 함께 살아가며 서로 평화를 유지하는 능력에서 진실함이 중요한 이유를 볼 수 있게 도와준다. 하지만 참된 것을 말하려는 열망, 우리를 하나님과 우리 서로에게 이끌기 위한 이 열망은 그리스도가 진리이심을 알면서도 그 진리를 살아 내지 못할 때 오히려 우리 삶을 망가뜨리고 만다. 우리가 머리로 아는 진리와 실제 삶의 모습 사이의 이런 괴리감은 고통스러울 뿐 아니라, 우리 삶을 바꾸기보다 진리를 바꾸려 하거나 진리를 아예 포기하고 싶게 만들고, 겉으로 보이는 우리의 모습과 실제 모습이 다르다는 이유로 서로 숨게 만들기까지 한다.

우리는 서로 소통하고 참된 말을 주고받으며 "서로 지체가" 되도록 창조되었다(롬 12:5). 이는 우리가 서로 신뢰하는 법을 배워야 한다는 뜻이다. 신뢰는 진실함과 마찬가지로, 우리가 즐겁고 자유롭게 살아가고자 할 때 반드시 필요한 선물이다. 진리로 인해 가능해진 신뢰가 사라지면, 우리 삶은 두려움과 이중성, 소외와 환멸, 그리고 다양한 형태의 폭력에 사로잡힐 수밖에 없다. 이러한 폭력은 질서로 위장할 때가 많아서 그 속에 도사린 거짓이 제대로 드러나지 않는다.

그래서 진실하지 못한 공동체에 혼란과 갈등이 생기는 것이다. 그리스도의 평화는 단순한 공존이 아니다. 예수님은 "그들을 진리로 거룩하게 하옵소서 아버지의 말씀은 진리니이다"라고 기도하신다(요 17:17). 이 말씀은 우리를 하나로 묶어 주며, 예수님과 아버지가 하나이시듯 우리도 하나가 된다. 그런 하나 됨은 진실한 말, 진실한 삶을 토대로 이루어진다.

그런데 진실한 말이란 단순히 정직함만 의미하지 않는다. 물론 정직함은 진실함을 가리키지만, 정직함은 대개 직설적인 행동 방식을 암시한다. 흔히들 "그 사람은 정직하게 행동했다"라고 말한다. 진실하려면 정직함이 꼭 필요하지만, 정직은 진실한 상태의 온전한 의미를 다 담아내지 못한다. 속이는 것은 정직하지 못한 것이고 거짓말은 속임수의 한 형태로 생각할 수 있다. 하지만 참된 것을 말한다는 것은, 우리가 말하는 대상에게 진실을 말해야 할 의무가 없을 때도 반드시 할 말을 해야 할 때도 있다는 뜻이다.

진실하게 살아간다는 것은 단지 솔직하게 '있는 그대로 말하는' 것만을 의미하지 않는다. 이는 진실함과 노골적인 솔직함을 혼동하는 것이다. 진실을 말하면 때로 상처를 줄 수 있지만, 그렇다고 해서 누군가를 상처 입히는 것이 곧 진실을 말한 것이라는 뜻은 아니다. 진실은 사랑 안에서 전해질 때에야 상대를 자유롭게 한다.

진실함은 성품과 끊임없는 훈련 그리고 깨어 있음이 요구되는 기술이다. 우리는 해야 할 말을 하되, 상대가 수용할 수 있는 방식으로 해야 한다. 안타깝게도, 이런 요건은 진실을 말하지 않는 변명이 될 수도 있다. 특정한 때와 장소에서 한 말이 진실하고 좋을 수 있지만, 다른 때와 장소에서는 그렇지 않을 수도 있다. 우리는 진실을 말하는 법을 배워야 하는데, 그런 배움은 고립된 상태에서는 불가능하며, 완성이라는 것도 없다. 그것은 그리스도와 다른 사람들과 함께하는 계속되는 삶의 일부이기 때문이다. 우리가 어떻게 서로 진실을 말해야 하는지를 이해하려면, 다른 사람과의 관계에서 벌어지는 일에 반응하는 법을 배워야 한다.

더욱이 참된 말을 하려면 우리는 서로에게 온전히 자신을 내어 주어야 한다. 또한 세상에 만연하여 우리를 통해서도 말하려 드는 거짓을 드러낼 교회가 필요하다. 우리의 진정한 자아는 공동체적 삶의 재료로 이루어져 있기 때문이다. 공동체적으로 형성되지 않은 '자아'가 과연 어디에 존재할 수 있을까? 우리의 애정과 헌신을 줄이고 다른 사람과의 관계를 단절하면 진정한 자아는 성장하지 않고 도리어 쪼그라들고 만다. 하지만 진실한 삶은 우리가 마땅히 되어야 할 존재가 되어야 한다는 뜻이다. 성품을 빚어내는 공동체에 속하지 않고서는 이 일은 거의 불가능하다. 자기 마음대로 하도록 내버려두면 우리는 타인의 삶이라는 선물에서 소외되고 만다. 공동체가 없다면, 하나님이 존재하지 않는 양, 또 우리 스스로가 충분한 존재인 양 살도록 유혹하는 거짓들 속에서 우리는 결국 길을 잃을 수밖에 없다.

교회는 우리 혼자서는 가질 수 없는 훨씬 더 풍부한 선택권과 헌신, 의무, 때로는 문제까지도 제공하는 하나님의 선물이다. 교회는 우리의 성품이 자라고 우리 안에 믿음, 소망, 사랑이 심기는 하나님의 학교다.

예수님이 없었다면 베드로는 훌륭한 어부가 되었을지도 모른다. 그러나 그는 어디에도 도달하지 못했을 것이고, 자신이 얼마나 비겁한 사람인지도 알지 못했을 것이다. 처음에는 혼란스러웠지만, 나중에는 신앙을 고백하며 용기를 냈고, 필요할 때는 훌륭한 설교자가 될 수 있다는 사실조차 몰랐을 것이다. 베드로가 진정한 개인, 아니 더 정확히 말하면 통합된 자아로서 두드러지는 것은 그가 스스로 완전한 '자아실현'에 도달해서가 아니라, 메시아와 메시아 공동체에 속했기 때문이다. 그 덕분에 그는 자신의 삶을 붙잡을 수 있었고, 혼자였다면 누리지 못했을 훨씬 더 풍성한 삶을 살게 되었다.

우리가 진실하게 살고자 한다면, 그렇게 고백함으로써 죄 사함이 어떻게 이루어지는지 경험해야 한다. 용서받고 용서하는 것, 그것이 바로 십자가 아래 있는 공동체가 된다는 뜻이다. 그것은 곧 우리가 서로 사귀며, 자유롭게 빛 가운데 행하는 삶이다(요일 1:6-7). 용서를 통해 우리는 자신을 스스로 창조하려는 헛된 시도에서 벗어나, 참평안을 주시는 그분 안에서 비로소 자신에 대한 진실을 발견하게 된다.

God's Alternative Society

12

자선을 실천하는 공동체

그중에 가난한 사람이 없으니
이는 밭과 집 있는 자는 팔아
그 판 것의 값을 가져다가 사도들의 발 앞에 두매
그들이 각 사람의 필요를 따라 나누어 줌이라.

// 사도행전 4장 34-35절

누가복음에서 예수님은 거의 전적으로 가난한 사람들에게 관심을 두신다. 마태복음에 나오듯이 그저 "심령이 가난한 자"(마 5:3)가 아니라, "가난한 자"가 복이 있다(눅 6:20). 게다가 권력자나 부자가 아니라 "가난한 자"에게 복음이 전파된다(눅 4:18; 7:22).

사실 권력자나 부자가 더 심각한 어려움에 빠지는데, 이들의 재산과 권력이 이 세상에서 안전하다는 환상을 심어 주기 때문이다(눅 16:19-31). 그래서 예수 그리스도는 아무 조건 없이 이렇게 말씀하신다. "이와 같이 너희 중의 누구든지 자기의 모든 소유를 버리지 아니하면 능히 내 제자가 되지 못하리라"(눅 14:33).

우리는 가난하고 약한 자들에 대한 그리스도의 관심에서, 하나님이 어떻게 약한 자들을 통해 역사 가운데 일하시는지를 볼 수 있다. 그리스도는 세상 방식대로 약한 자를 강하게 만드시기보다 오히려 우리가 그런 연약함을 후회 없이 받아들이는 법을 가르쳐 주신다.

그렇다면 약한 자들에게 후회 없이 자선(charity)을 베푸는 것이 어떻게 가능할까? 가장 중요한 질문은, 모든 이들을 다 도울 수는 없는 고난과 비극이 가득한 세상에서 어떻게 나누고 베푸는 삶을 유지하느냐는 것이다. 우리는 완벽한 자선의 실천이 불가능한 세상에서 자선을 계속해서 실천하도록 돕는 이야기를 '그리스도 안에서' 받았다. 이 이야기는 자신이 약할 때 하나님의 능력이 온전해진다는 사실을 깨달은 제자 공동체 가운데서 실현된다(고후 12:9).

누가가 쓴 '두 번째 복음서'인 사도행전은 자선을 베풀 능력이 권력이나 영향력에 달려 있지 않다고 말한다. 그리스도의 초기 제자들은 자선이 성령 충만한 사람의 존재 방식이자 가장 하나님을 닮은 삶의 방식이었기에 자선을 베풀었다(갈 5:22-26).

자선은 세상에서 모든 불의를 없애는 것이라기보다 우리가 발견한 이웃의 필요를 채우는 것이다. 그리스도께서 누가 우리 이웃인지 보여 주신다. 그분은 우리가 우리 눈앞에 쓰러진 사람의 상처를 싸매 주기를 기대하신다.

가서 선한 사마리아 사람처럼 행동하는 것, 그것이 우리의 과제다. 그런 실천을 통해 하나님은 우리가 그분의 나라에 합당한 방식으로 서로 섬기는 법을 알게 하신다. 그분의 나라는 단체나 관료 조직에 의존해 일을 처리하는 세상 속에서 우리가 '저 밖 어딘가에서' 실현해야 하는 이상이 아니다.

그리스도인들은 자신이 속한 사회에 관심을 갖지만, 우리의 과제는 그리스도와 동떨어진 세상을 사랑의 나라로 만드는 것이 아니다. 우리의 과제는 자선이 진리의 형태를 취하는 공동체가 되는 것이다. 우리는 먼저 '자선을 지속할 수 없는 세상에서 그것을 지속하게 하는 이야기'로 형성된 백성이 되어야 한다.

자선을 실천하기 위해 우리는 국가가 스스로 세운 정의의 기준을 지키도록 요구해야 하지만, 국가의 정의가 하나님 나라에 속한 백성인 우리에게 요구되는 정의와 같다고 착각해서는 안 된다. 최근의 많은 정치 철학이 범한 실수는, 정의를 사회적·도덕적 삶의 근본적인 기준이나 덕목으로 여긴 것이다. 교제, 공동체, 우정, 충성, 진실성 또한 좋은 사회가 지녀야 할 똑같이 중요한 덕목이다. 실제로 우정이 그 핵심 미덕으로 번성할 수 있는 사회를 만들기 위해서는 정의의 요구를 어느 정도 조정할 필요가 있을지도 모른다.

하나님 나라에서는 자선이 '부가적인 것'도 아니고 정의를 '넘어서는' 행위도 아니다. 자선은 정의가 실제로 무엇을 요구하는지, 그리고 어떤 형태를 가져야 하는지를 이해하는 데 도움을 준다.

그러므로 교회는 자선 공동체가 되어야 한다. 초기 그리스도인들을 보고 이방인들은 "저들이 서로 얼마나 사랑하는지 보라"라고 말했다. 특정 사회에서 역사적으로 나타나는 정의의 모습은 그리스도인들이 공동체 생활을 통해 구현하도록 배운 정의에 미치지 못하는 경우가 많다. 따라서 법과 국가의 강제력에 의존하는 더 넓은 사회가 아직 배우지 못한 정의의 실천들을 앞장서서 펼치는 것이 교회의 과제가 된다. (때로는 교회도 사회를 보며 더 정의로운 삶의 방식을 배울 수 있다.) 이런 이유로, 교회는 세상이 될 수 있었으나 아직 이루지 못한 모습을 보여 주는 모범적인 공동체가 되어야 한다.

그런 공동체는 과연 어떤 모습일까? 예를 들어, 교회가 재정을 관리하고 사용하는 방식이 어떤 모습인지에 따라 교회가 속한 사회에 끼치는 영향도 달라진다. 이는 그리스도인들이 자신의 재산을 사용하는 법을 배우는 문제뿐만 아니라, 공동체가 어떤 직업에 그리스도인들이 참여하는 것이 적절한지 판단하는 문제와도 관련된다.

교회는 그리스도인이 사회의 모든 직업과 역할에 참여할 수 있는 것은 아니라는 점을 분명히 할 책임이 있다. 또한 교회는 우리가 어느 정도까지 사회를 지지하는 활동에 참여할지를 결정할 수 있는 여건을 사회 안에서 마련해야 한다. 다시 말해, 우리가 어떤 시민이 되어야 할지 결정할 수 있는 기반을 제공해야 한다.

따라서 교회가 그 삶을 조직하는 방식은 그 교회가

어떤 종류의 자선 공동체인지에 매우 중요하다. 예를 들어, 교회는 리더들이 진실을 말할 것을 기대하고 요구하는가? 좋은 사회를 유지하는 기술이라고 할 수 있는 정치는 그리스도인 존재의 핵심에 자리한 기술이다. 중요한 질문은, 우리 교회 공동체가 두려움의 정치가 아닌 권위의 기반을 제공할 수 있는 정치를 가질 만큼 결정적인가 하는 것이다. 공동체가 공유하는 충성심에서 비롯된 권위가 없다면, 권력과 힘에 기댈 수밖에 없는 이들에게 우리가 맞설 방법이 없기 때문이다. 그리고 그러한 권력과 힘은 자신들이 강제력을 사용하고 있다는 사실을 부인하기 때문에 더더욱 파괴적일 때가 많다.

마지막으로 가장 중요한 것은, 그리스도인들이 나그네를 어떻게 돌보느냐가 교회 됨의 핵심적인 표지라는 점이다. 그리스도인들이 최초로 병원을 세운 사람들 중에 하나였다는 사실은 결코 우연이 아니다. 이는 단순히 자선 활동이 아니었다. 그들은 기독교 사회 윤리, 즉 스스로를 보호할 다른 수단이 없는 이들을 위해 교회가 제공하는 돌봄의 방식과 형태를 반영했다. 그리스도인들은 나그네를 이웃으로 여긴다.

자선 공동체인 교회는 그리스도의 인격과 사역 가운데 계시된 자선이라는 진리의 형태를 구체적으로 드러내는 법을 배웠다. "너희가 여기 내 형제 중에 지극히 작은 자 하나에게 한 것이 곧 내게 한 것이니라"(마 25:40). 그러한 자선의 실천 효과는 당장은 미미할지도 모르나, 이것은 분명 그리스도가 십자가에서 나타내신 하나님 나라를 섬기겠다고 맹세한 사람들에게 요구되는 성품이다.

God's Alternative Society

13

교회 안에서 다시 태어나는 가정

무리가 예수를 둘러앉았다가 여짜오되
보소서 당신의 어머니와 동생들과
누이들이 밖에서 찾나이다
대답하시되 누가 내 어머니이며 동생들이냐 하시고
둘러앉은 자들을 보시며 이르시되
내 어머니와 내 동생들을 보라
누구든지 하나님의 뜻대로 행하는 자가
내 형제요 자매요 어머니이니라.

// 마가복음 3장 32-35절

예수님은 공생애 사역 기간 내내 가족에 대한 충성에 도전하셨다. 제자들을 부르실 때도(마 4:18-22), 아버지를 장사 지내고 돌아와서 주님을 따르겠다는 사람을 거절하실 때도(마 8:19-22), 다가올 박해 때는 형제가 형제를 배신하고 아버지가 자녀와 충돌하며 자녀가 부모를 죽게 할 것이라고 예상하실 때도(마 10:16-23, 34-39) 그랬다. 예수님의 의도가 의심스럽다면, 그분이 제자들을 진정한 가족이라고 말씀하셨던 것을 떠올려 보라. 그분은 가족에 대한 충성심에 급진적으로 도전하셨다.

예수님의 제자가 된다는 것은 그리스도가 세우신 새 가족에 접목되는 것이다. 우리는 모두 하나님의 자녀지만, 이제 서로가 부모와 형제자매로 부름받은 공동체로 세워진다. 그런 가족에 '원치 않는 자녀'는 없다.

생물학적 가족에 그런 비판적 태도를 취하신 예수님은 이스라엘 백성과 긴장 관계에 놓일 수밖에 없었다. 이스라엘의 신실한 아들로서 그분은 결혼하고 자녀를 두리라 당연히 예상되었지만, 끝내 독신으로 남으셨다. 그뿐만 아니라 그분의 독신 상태는 하나님 나라가 혈통으로 확장되지 않음을 보여 주는 표지다. 오히려 하나님 나라는 증거와 회심을 통해 확장한다. 그런 성장을 통해 그리스도인들은 우리에게 있는 줄 몰랐던 자매와 형제를 발견할 것이다.

이런 본문의 관점에서는 신약성경이 '가족의 가치를 중시한다'라는 생각을 취하기 어려워 보인다. 그리스도가 여신 새 시대에는 결혼이 의무가 아니다. 사실 독신은 그리스도인들에게 가장 명예로운 삶의 방식이 아닐까 싶다.

결혼과 성에 대한 기독교의 가르침을 세례의 맥락에서 이해해야 하는 이유도 그 때문이다. 세례가 우리에게 진정한 가족을 만들어 주기 때문이다(갈 3:26-28). 세례는 결혼의 의미와 그리스도인이 결혼하는 이유를 알려 준다.

그리스도인의 진정한 가족은 교회이기에(막 10:28-31) 반드시 결혼할 필요는 없다. 결혼은 이 가족을 배경으로 할 때만이 소명이 되며, 그 소명은 공동체에 의해 검증되어야 한다. 따라서 두 사람이 사랑한다는 것만으로는 교회가 축복하는 결혼의 충분조건이 아닌데, 이 결혼이 그리스도의 몸을 세운다는 확신이 있어야 한다. 게다가 평생 일부일처제를 유지하는 그리스도인의 결혼관은 성도가 서로 맺는 세례의 언약이라는 배경에서만 이해할 수 있다. 그러니 교회의 독신과 결혼에 관한 실천을 도외시한 채 기독교 성윤리를 세우려는 모든 시도는 이해할 수 없는 것이 될 수밖에 없다.

사랑해서 결혼하는 것이 아니다. 서로 신실하게 헌신한 결과, 곧 결혼의 열매가 사랑이다. 결혼식에서 주례자는 "신부는 신랑을 사랑합니까?"라고 묻지 않고 "신부는 신랑을 사랑하겠습니까?"라고 묻는다. 여기서 사랑은 결혼의 원인이 아니라 결혼이 미래에 맺을 열매다. 사랑은 한 사람의 결단이요 약속이며, 모든 사람이 아닌 일부에게 주어진 소명이다. 사랑은 감정이 아니라 헌신이자 약속이며, 하나님과 다른 사람들이 우리에게 준 선물에 감사하는 마음으로 하나님과 상대에게 주는 선물이다.

더 구체적으로 말하자면, 그리스도인에게 결혼은 부부의 상호 쾌락이나 자기만족을 위한 것이 아니다. 결혼은 제자도의 영역 안에 있다. 결혼 생활은 자녀 양육, 청년들의 회심, 노인 돌봄을 포함한 우리의 사역을 뒷받침하는 수단으로서 궁극적인 의미가 있다. 그리스도인들이 결혼 안에서 서로에게 진실할 수 있는 것은 결혼이 순간적인 감정보다 더 근본적인 것을 결정하기 때문이다.

그렇기에 결혼 생활은 즐겁고 기쁠 수 있지만, 그 기쁨과 즐거움은 사적인 관심사가 아니라 공적인 헌신과 서로에 대한 섬김에서 시작된다. 새 생명과 자녀에 대한 열린 태도가 성의 즐거움을 더해 준다. 따라서 우리는 '생육하라'라는 태초의 행동에서, 하나님이 의도하신 대로 그분의 창조성에 참여하는 데서 기쁨을 발견한다.

물론 결혼은 조종과 폭력이 난무하는 지옥 같은 악몽이 될 수도 있다. 비폭력과 마찬가지로 결혼도 부부만의 힘으로 실천하기에는 너무 힘들다. 판단하고 용서하며 증언하고 돌보는 공동체 밖에서 결혼 생활을 유지하려 한다면 왜곡되기 쉽다. 오늘날 결혼 생활이 불행한 이들은 결혼에 헌신하지 않아서가 아니라, 결혼에만 헌신하기 때문이다. 결혼은 공생 관계로서, 우리의 다른 헌신을 지원하고 거기서 힘을 얻는다. 결혼이 교회 전체의 실천에 뿌리내리지 않고 두 사람 사이의 관계에만 한정되면, 스스로의 무게를 견디지 못하고 무너지는 경향이 있다.

결혼이 부부의 정서적 발전이나 경제적 발전보다 더 큰 선과 동떨어진 채 서로만 의지하는 고립된 두 개인의 관계뿐이라면 실패할 수밖에 없다. 결혼에는 미덕이 많지만, 그 자체만으로는 힘든 일을 감당할 수 없다. 따라서 결혼에 대해 생각할 때 우리는 먼저 교회와 그리스도를 섬기는 소명에 대해 생각하고 나서, 결혼 생활이 어떻게 그 소명을 튼튼히 해 줄지를 고려해야 한다. 교회에 뿌리내린 결혼은 자신의 독단적인 욕구에서 우리를 해방시켜 주고, 우리 자신을 넘어서서 우리가 헌신할 대상을 제공해 준다.

\\\\\\\\\\

세례의 의미를 생각한다면, 양육은 결혼 여부와 상관없이 교회에 속한 모든 이의 소명이다. 자녀를 기르는 일은 교회의 나그네 환대 사역에 속한다. 따라서 모든 교인은 생물학적 자녀가 있든 없든 부모 역할을 맡는다.

그리스도인 공동체에서는 부모에게만 어린아이들을 돌볼 책임이 있지 않다. 물론 부모는 자기 자녀를 신실하게 키우겠다고 서약하는 선에서 자녀에 대해 책임이 있지만, 공동체가 그들을 든든하게 지원해 준다.

특히 그런 공동체에서 장애 아동을 받아들이는 방식은 일반 사회와 완전히 달라야 한다. 그런 아이들을 돌보는 부담이 전적으로 그 부모에게만 있지 않다. 이 아이들은 전체 공동체에 주신 선물이다. 적어도 교회만큼은 이 아이들과 부모가 편하게 지낼 수 있는 장소가 되어야 한다. 사과하거나 사람들의 눈총을 받거나 뒤에서 속닥거리는 소리를 듣지 않고도 말이다. 그 아이는 그 생물학적 부모의 자녀만이 아니라 온 교회의 자녀요, 그 아이 없이는 이 교회도 없다고 믿기 때문이다. 또한 그 아이가 자라서 성인이 되면 교회의 어엿한 구성원으로 돌봄을 받을 것이다.

그 아이가 공동체에 특별한 부담을 더할 수 있지만, 사실 모든 아이가 그렇다. 공동체에 오는 모든 아이는 우리의 선입견에 도전한다. 어떤 아이들은 우리의 관습이 가진 한계를 더 크게 드러내 보인다. 그리스도인은 그런 도전을 즐거워하는 사람들이다. 우리는 그런 도전이 하나님이 이 위험한 세상에서 자녀를 양육하는 지혜와 상상력을 공급해 주시는 통로임을 알기 때문이다. 하나님께 놀라고, 우리가 그런 뜻밖의 일들을 통해 살아간다는 것을 아는 사람들이 모여 교회를 이룬다.

교회는 아이들(그중 일부는 지적으로 제약이 있는 아이들)이 만들어 내는 필요성으로 인해 자신의 창의력과 한계에 도전받을 준비가 된 사람들로 이루어진 가족이다. 세상이 불의로 울부짖지만, 교회 안에서는 사람들이 아이를 낳고 기를 수 있다. 우리는 이것이 하나님이 이 세상을 다스리시는 방식이라고 믿는다. 또한 그런 아이들을 외면한 채로는 세상이 결코 더 나은 곳이 될 수 없다고 믿는다.

\\\\\\\\\

인간의 성은 두 사람이 한 몸이 되는 신비다(창 2:24).

성적 관계는 언제나 우리를 '몸을 지닌 영이자 영을 지닌 몸'인 전인(whole persons), 곧 언약을 맺고 지킬 수 있는 능력을 가진 존재로서 참여시킨다. 성은 우리가 어떤 존재가 되고 싶은지를 말해 준다. 우리는 성생활을 통해 기술에 능통한 사람 혹은 전인적이고 취약한 존재, 쾌락을 추구하는 사람 혹은 언약에 신실한 사람, 이기적인 개인 혹은 생명을 잉태하는 자가 될 수 있다. 성경적으로 말하자면, 성에는 하나님의 의도가 드러나 있다. 성을 통해 신뢰와 헌신을 주고받기 때문이다.

성은 단순히 애정의 깊이나 강도의 문제가 아니다. 끊임없이 자기를 줄 수 있느냐의 문제다. 그래서 성은 단순한 쾌락에 불과하지 않고, 그보다 훨씬 더 심오하다. 이를 부인하는 사람들조차 마음속으로는 잘 안다. 성은 신성하며 우리는 그 신비를 즐겨야 한다. 그것이 왜곡되었을 때 그 중요성을 절감하게 된다. 성행위는 서로에게뿐 아니라 언약을 만드시고 지키시며 (두 사람을 포함하여) 만물을 새롭게 하시는 분께 헌신한 두 사람이 서약한 온전하고 배타적인 관계의 신비를 누리는 것이다.

성행위는 우리 모두가 갈망하는 언약을 기념하는 것이다. 그 언약은 서약으로 시작되고, 신실함으로 이행되며, 그리스도의 의와 그분에 대한 섬김, 그리고 특히 서로와 우리가 세상에 낳은 자녀들을 섬기는 삶으로 나아간다. 그것이 바로 신비로운 성의 즐거움과 진지함 그리고 모험이다.

상대방에게 충실한 것은 매우 중요하다. 혼전 성관계는 이전에 경험해 본 어떤 것보다 더 깊고 강렬한 관계와 흥분을 약속할지도 모른다. 하지만 그것은 찰나에 불과하다. 사랑은 순간에 머무르지 않는다. 그렇기에 성은 결혼 관계라는 울타리 안에서만 온전히 누릴 수 있고, 결혼 생활은 자기희생을 통해 다른 사람을 섬기는 법을 배우고 실천하는 교회라는 울타리 안에서만 온전히 누릴 수 있다.

그리스도인의 결혼을 통해 부부는 평생 정절을 지키고, 자신들의 결혼 생활을 돌아보며 그것을 사랑이라고 부를 수 있게 된다. 결혼 생활을 하면서 우리는 자신이 천생연분이라고 생각했던 사람이 사실은 그렇지 않다는 것을 깨닫는다. 우리는 성도이기 이전에 죄인이기에 그러하다. 그러나 결혼이라는 모험은 당신이 결혼한 상대를 사랑하는 법을 배워 가는 것이다. 사랑에 빠져서 결혼하는 것이 아니다. 결혼한 다음에 진짜 사랑이 무엇인지 배우는 것이다. 사랑해서 결혼하는 것이 아니라, 우리는 결혼을 통해 사랑이 얼마나 큰 희생을 요구하는 모험인지를 배운다.

Part 4

하나님 나라의 경제

Jesus Christ

Church

나눔과 신뢰로
사 는 법

Gospel

하나님, 우리에게 평범한 삶을 허락해 주셔서
감사합니다. 저는 일상에서 오는 기쁨이 참
좋습니다. 아침 식사를 하고 출근하여 일하고
자녀들을 돌볼 수 있는 시간들이 주어진 것이
얼마나 놀랍고 감사한지요. 그러나 그 일상을
누리면서도, 우리 주변에 도사린 공포를 잊지
않도록 도와주소서. 제가 베이글을 한 입 베어
물 때, 멀지 않은 곳에서는 누군가가 굶주리고
있습니다. 그 현실이 달라지기를 바라면서도,
무력감에 빠져 그저 내 빵 맛이 떨어지지 않도록
주린 이들을 애써 머릿속에서 지우곤 합니다. 잊지
않게 도와주소서. 우리에게 나눌 길을 가르쳐
주시어, 주의 나라의 '생명을 살리는 일상의
리듬'이 모든 이에게 전해지게 하소서.*

Kingdom Economics

14

부와 부자에 대한 성경적 시각

이와 같이 너희 중의 누구든지
자기의 모든 소유를 버리지 아니하면
능히 내 제자가 되지 못하리라.

// 누가복음 14장 33절

부자이면서 예수님의 제자라면 문제가 좀 있다. 그리스도인들은 소유보다는 소유를 대하는 태도가 문제라는 주장으로 이 사안을 다루려 할 때가 많았다. 예를 들어, 어떤 이들은 우리 재산이 우리 것이 아닌 것처럼 소유하는 법을 배워야 한다고 말한다. 가진 것을 베풀거나 심지어 전부를 잃을 준비가 항상 되어 있어야 한다는 뜻이다.

그리스도인들은 부(富)나 권력이 문제가 아니라는 말을 듣는다. 부와 권력을 잘 사용하는 선한 청지기가 되어야 한다는 것이다. 그러나 예수님은 부가 문제라고 분명히 말씀하신다. "너희가 하나님과 재물을 겸하여 섬기지 못하느니라"(마 6:24).

따라서 자본주의가 부의 생산으로 정당화되는 체제라는 사실은 그리스도인들에게 반드시 반가운 소식은 아니다. 자본주의 체제가 부의 생산이라는 명목으로 가난한 사람들과 착취당한 사람들에게 해를 끼쳤다고 그리스도인들이 비판해 온 것은 옳다. 그러나 알래스데어 매킨타이어(Alasdair MacIntyre)가 자신의 책 *Marxism and Christianity*(마르크스주의와 기독교)에서 말하듯이, 성경적 관점에서는 부자가 되거나 부자인 상태가 고난이며, 곧 "하늘나라에 들어가는 것을 방해하는 거의 극복하기 어려운 장애물이다. 자본주의는 그 기준으로 보면 실패한 사람들

뿐 아니라 성공한 사람들에게도 해롭다."

매킨타이어의 언급은 확실히 논란의 여지가 있지만, 그리스도가 부자들에게 하신 경고에 비추어 본다면 옳은 말이다. "재물이 있는 자는 하나님의 나라에 들어가기가 얼마나 어려운지"(눅 18:24).

그리스도인으로서 우리는 안락함이나 소원을 구하지 않고 일용할 양식을 구한다. 다시 말해, 서로 신뢰하는 공동체 가운데 산다는 것이 무슨 뜻인지를 배워야 한다. 그런 공동체는 각자도생으로 유지되는 자본주의의 관행과 이데올로기가 정당화한 탐욕의 형태와 거리를 두는 습관을 우리에게 가르쳐 준다. 일용할 양식을 구하는 덕과 기도가 우리를 형성한다는 것은 그리스도를 따르는 이들이 부와 개인의 이득을 목표로 하는 체제에 투자하는 사람들에게 위협이 될 수밖에 없다는 의미다. 예수님의 제자들은 체제를 뒤집어엎으려는 것이 아니다. 예수님을 진지하게 받아들이면, 우리가 신용카드를 사용하는 방법은 물론이고 현 상황에 도전하게 될 수밖에 없다.

씨 뿌리는 자의 비유는 부에 대해 다룬다(마 13장). 흥미롭게도, 점점 더 세속화되는 사회에서 교회의 지위와 교인 수 하락을 염려하는 사람들은 이 비유를 고려하지 않을 때가 많다. 그러나 오늘날 우리 상황에 이보다 더 적절한 본문이 있을까 싶다. 교회가 쇠퇴하고 죽어 가는 이유, 그리스도인의 증언이 무기력하고 사회에 흡수되어 버린 이유는 아주 단순해 보인다. 제자인 동시에 부자가 되기는 힘들기 때문이다. 우리는 그렇게 단순한 문제가 아니라고 생각할지 모르지만, 예수님은 확실히 그렇게 생각하신 듯하다. 물질이 만들어 내는 부의 유혹과 이 세상의 염려는 우리 상상력을 어둡게 하고 질식시킨다.

교회의 적실성을 회복할 전략을 제안하는 이들은 사람들이 자기희생이라는 요구를 직면하지 않고도 그리스도께 이끌릴 수 있기를 바라는 마음으로 그렇게 할 때가 많다. 잠시 동안은 구원받은 사실에 기뻐할지 모르나, 그런 기쁨은 박해를 견디지 못하고 "재물의 유혹"(22절)도 견디지 못한다. 많은 회복 전략의 얄팍한 성격은 그리스도인들이 그리스도를 따르는 삶이 중산층 생활방식과 긴장을 유발할 수도 있음을 상상하지 못한다는 사실에 잘 드러난다. 그들은 '좋은 삶'을 누리는 것이 하나님의 복의 표시는 아닐지라도 적어도 정당한 추구라고들 착각한다.

그래서 나는 이 비유가 미국 교회의 상황을 예수님의 심판으로 올바르게 해석하도록 돕는다는 주장이 결코 급진적이라고 생각하지 않는다. 오늘날의 교회는 깊이 뿌리내릴 수 있는 토양이 아니다. 재물이 말씀이 뿌리를 내리지 못하게 한다는 점이 이상하게 보일지도 모른다. 우리는 부가 세상에서 선한 일을 많이 할 수 있는 힘을 만들어 낼 것이라 가정한다. 그러나 부는 우리의 상상력을 마비시킨다. 우리는 예수님의 첫 제자들처럼, 오직 절박한 필요 속에서만 형성될 수 있는 세상의 대안적 공동체가 될 것을 강요받지 않는다. 소유물에 사로잡혀 있는 우리는 가난한 이들을 위해 세상에서 행동하기를 바라면서도 정작 우리 소유를 잃는 일은 원치 않는다.

\\\\\\\\\

예수님은 낙타가 바늘귀에 들어가는 것이 부자가 하나님 나라에 들어가는 것보다 쉽다고 말씀하신다(마 19:24). 우리는 두어 절 뒤에 나오는 "하나님으로서는 다 하실 수 있느니라"(26절)라는 말씀이 우리를 책임에서 면제해 준다고 생각하고 싶은 유혹을 받는다. 하지만 그런 반응은 예수님이 부에 대해 하신 말씀의 진정한 영향력이 제대로 드러나지 못하게 한다.

예수님의 답변은 우리의 재물뿐 아니라 구원에 대한 개념에까지 도전하신다. 구원받는 것, 곧 세례를 통해 교회의 구성원이 된다는 것은 우리 삶이 더는 우리 것이 아니라는 뜻이다. 우리는 서로에게 취약한 존재가 되어 우리 소유가 더는 다른 사람들의 요구에서 자유로울 수 없게 된다. 믿기 어렵겠지만, 예수님은 구원을 받으면 소유를 잃게 되어 우리 존재가 취약해진다는 점을 분명히 하신다. 그분을 따르는 우리는 서로 의지하게 되어 있다. 내 넉넉함으로 당신의 부족함을 보충하고, 당신의 넉넉함이 내 부족함을 보충해 준다(고후 8:13-15). 우리의 독립성에 의존하는 부는 새로운 피조물과는 극명한 대조를 이룬다.

사도행전 5장에 나오는 아나니아와 삽비라 이야기는 예수님의 말씀이 말에 그치지 않고 실제로 엄중하게 이루어진다는 것을 분명히 보여 준다. 아나니아와 삽비라는 교회에 속해 있다. 그들은 재산을 팔아 얼마나 남겼는지 교회에 말하지 않고 돈의 일부를 자기들 몫으로 챙긴다. 아나니아가 돈 일부를 교회에 가져갔더니 베드로가 그에게 거짓말을 했다고 반박한다. 베드로의 말을 듣고 아나니아는 급사했고, 얼마 안 있어 그의 아내도 똑같은 수순을 밟았다.

명심해야 한다. 재산이 우리로 하여금 거짓말하게 만들어, 예수님의 제자가 되기 위해 반드시 필요한 신뢰를 불가능하게 만든다. 구원받고 그리스도의 몸에 속한다는 것은 '서로 진실된 말을 나누는 것'이 단순히 가능한 수준을 넘어서서 반드시 요구되는 공동체에 참여하는 것이다.

"도둑질하지 말라"라는 말씀에 대한 기독교적 해석이 궁금하다면 야고보서 5장 1-6절을 읽어 보라.

> 들으라 부한 자들아 너희에게 임할 고생으로 말미암아
> 울고 통곡하라 너희 재물은 썩었고 너희 옷은 좀먹었으며
> 너희 금과 은은 녹이 슬었으니 이 녹이 너희에게 증거가
> 되며 불같이 너희 살을 먹으리라 너희가 말세에 재물을
> 쌓았도다 보라 너희 밭에서 추수한 품꾼에게 주지 아니한
> 삯이 소리 지르며 그 추수한 자의 우는 소리가 만군의
> 주의 귀에 들렸느니라 너희가 땅에서 사치하고 방종하여
> 살륙의 날에 너희 마음을 살찌게 하였도다 너희는
> 의인을 정죄하고 죽였으나 그는 너희에게 대항하지
> 아니하였느니라.

물론 우리는 이렇게 변명할 것이다. "우리는 부자가 아니에요. 진짜 부자는 재산이 어마어마하지만 우리가 가진 건 얼마 안 된다고요. 더군다나 이 얼마 안 되는 돈을 여기저기 기부하죠. 야고보의 말씀 같은 그런 가혹한 비판은 당치도 않습니다. 우리는 그저 어떻게든 알뜰하게 살아 보

려고 애쓰고 있다고요."

우리가 자신의 부에 대해 진실하지 못하다는 사실을 지적받는 것은 결코 유쾌한 일이 아니다. 자신에 대한 진실을 감추고 싶은 데는 그럴 만한 이유가 있다. 거짓말과 부는 서로 손발이 잘 맞는 것 같다. 실제로 부자가 되려면 자신에 대한 진실을 숨기는 편이 유리하다. 예를 들어, 내가 원해서 이 모든 재산을 다 갖게 된 것이 아니라거나 자녀들에게 좋은 삶을 준비해 주려는 것뿐이라는 가정보다 더 자신을 속이는 것이 어디 있겠는가?

성경은 "네게 구하는 자에게 주며 네게 꾸고자 하는 자에게 거절하지 말라"(마 5:42)라고 말씀하는데, 우리는 그럴 수 없다고 생각한다. 하지만 그 말씀이 항상 우리 삶에 실현될 수는 없다고 믿는 바로 그만큼, 우리는 도둑이 된다. 성 요한 크리소스토모스(Saint John Chrysostom)가 선언했듯이, "우리 소유를 가난한 이들과 나누지 못하는 것은 그들에게서 도둑질하고 그들에게서 삶을 박탈하는 것이다. 우리가 가진 모든 소유는 우리 것이 아니라 그들 것이다"(Homily on Lazarus 2.5).

우리 자신도 그 문제에 깊이 얽혀 있기에 쉬운 해결책을 제시할 수 없다. 다만 적어도 우리가 자신의 상태에 대해 스스로에게 거짓말을 멈춰야 한다는 것은 안다. 장 칼뱅

(Jean Calvin)은 부자가 구원을 받으려면 자기 소유를 더 늘리려 하지 않는 것만으로는 부족하다고 했다. 오히려 우리 마음이 가난해져야 한다. "우리가 하나님이 우리 손에 맡기신 재물에 만족하지 못하거나, 마음을 재물에 빼앗긴다면, 결국 우리는 언제나 도둑이 되고 말 것이다."

물론 재물에 마음을 빼앗기지 않고도 소유하는 법을 배울 수 있다면 대단한 고수일 것이다. 우리는 스스로 자신의 모든 소유, 혹은 적어도 그중 상당 부분을 잃을 준비가 되어 있다고 말할 수 있다. 하지만 정말로 그런지 우리가 어떻게 알 수 있을까?

그리스도인들은 소유물에 지배당하지 않으려면 절제와 정의라는 덕을 기르는 것이 매우 중요하다고 늘 생각해 왔다. 절제란 세상 물질에 적당히 초연한 태도이며, 정의의 추구란 이웃의 유익을 위해 자신의 욕구를 절제하고 그들의 온당한 몫을 그들에게 제공하려는 열망을 키우는 것이다. 이러한 덕목들은 우리가 도둑질하지 않는 공동체가 되는 길을 배우는 방식이다. "이 정도면 충분하다"라고 말할 수 있으며 이웃의 필요를 우리 소유에 대한 요구로 보는 것은, 훌륭하지만 결코 쉽지 않은 덕이다. 우리 삶을 사로잡는 소유욕에 사로잡히지 않으려면 이러한 덕이 꼭 필요하다.

Kingdom Economics

15

불의하고 불공정한 현실 속에서

내가 너희에게 말하노니
불의의 재물로 친구를 사귀라
그리하면 그 재물이 없어질 때에
그들이 너희를 영주할 처소로 영접하리라.

// 누가복음 16장 9절

초기 교회에는 (특히 돈 문제에서) 공사의 구분이 없었던 것 같다. 아나니아와 삽비라 이야기만 보더라도 돈 문제가 교회에서 중요하다는 것을 알 수 있다. 그러나 오늘날의 그리스도인들은 자신의 수입과 지출보다 성생활에 대해 말하는 걸 더 편하게 여길지도 모른다. 이는 우리가 정말로 신경 쓰는 문제가 무엇인지를 넌지시 암시해 준다.

누가복음 16장을 읽다 보면 우리가 무엇에 정말로 신경 쓰고 있느냐는 질문을 피해 가기 힘들다. 그것은 바로 돈과 재산이다. 물론 이 말씀은 굉장히 이상한 본문이어서 우리처럼 똑똑한 사람들은 온갖 단서와 조건을 달아 결국 이 말씀의 불편한 부분을 뭉뚱그리고 만다.

예수님은 정말로 이 불의한 청지기를 칭찬하고 계신가? "불의의 재물로 친구를 사귀라 그리하면 그 재물이 없어질 때에 그들이 너희를 영주할 처소로 영접하리라"라는 말씀을 보면 확실히 그런 것 같다. 이 말씀을 도대체 어떻게 이해해야 할까? 우리는 이 비유가 어떻게 해서 부정직함을 칭찬하는 것처럼 보일 수 있는지를 해석하는 데 너무 집착한 나머지, 예수님이 우리의 돈에 대해 말씀하고 계신다는 사실을 잊어버린다.

예수님이 이 비유에서 보여 주시는 현실 감각은 우리의 책임 회피를 허용하지 않는다. 돈을 가진 우리는 그것이

'불의의 재물'이라는 것도 인정해야 한다. 우리는 열심히 일했고, 그만한 자격이 있다고 스스로 말한다. 그러나 우리 중 대다수는 이런저런 특권을 누리고 있다. 운이 좋아서 성공에 유리한 환경에서 태어났다. 그러나 그 '운'은 종종 부당하게 취득한 재산에 근거한다. 예를 들어, 현재 소유한 땅이 우리 것이라는 가정에 대해 생각해 보자. 어째서 그 땅이 우리 것인가? 대부분의 미국인이 소유한 땅은 원주민들을 학살하고 강제로 쫓아내 그 땅을 차지한 결과다.

이렇게 해서 이 비유의 준엄한 현실 감각으로 다시 돌아가게 된다. 예수님은 우리가 정직과 불의 사이에서 선택해야 하는 세상에 살고 있다고 간주하지 않으신다. 오히려 우리가 사는 세상은 불의한 습관과 불공정한 체계에 동참할 수밖에 없는 곳이다. 예수님은 "한 사람이 두 주인을 섬기지 못할 것이니"(마 6:24)라고 말씀하신다. 이 말씀은 우리가 종이 될지 말지를 선택할 수 있다고 전제하는 것처럼 보인다. 그러나 사실 예수님은 우리가 이미 종이 되었다고 가정하신다. 또한 우리가 우리 자신의 운명의 주인이고, 우리의 재물을 정직하게 혹은 불의하게 다루는 법을 선택할 수 있다고 생각할 때야말로 가장 중한 종이 되어 있는 셈이다.

이 모든 말씀이 너무 비관적으로 들리는가? 이 말씀

에는 구원의 요소도 분명히 있다. 예수님은 복음을 전파하신 분이니 말이다. 하나님은 정말로 우리를 불의하고 불공정한 세상에 내어 주셨는가? 우리에게 남은 반응이라고는 예레미야처럼 슬퍼하는 것밖에 없는가? "추수할 때가 지나고 여름이 다하였으나 우리는 구원을 얻지 못한다"(렘 8:20). 우리가 구원받지 못한다면, 도대체 왜 그런 가르침에 주의하려 애쓰고 있겠는가?

이러한 질문들에 좋은 답이 있다면 좋겠다. 나는 나사렛 예수의 십자가와 부활을 통해 우리가 하나님의 구원과 창조 사역을 위해 세워진 백성임을 확신한다. 그런 백성을 교회라 부르는 것이 마땅하다고 믿는다. 또한 그런 백성이 비록 세상을 지배하는 권세에 얽매여 있지만 서로 섬기는 길을 발견할 수 있는 수단을 받았다고 믿는다. 교회는 하나님의 정의가 반드시 임할 것을 보증하는 그분의 약속 어음이다.

Kingdom Economics

16

이웃의 필요에 대한 우리의 책임

오늘 우리에게
일용할 양식을 주시옵고.

// 마태복음 6장 11절

예수님은 우리에게 일용할 양식만 구하라고 가르치신다. "일용할"이라는 단어를 조금 더 정확하게 번역하면 '충분한'이다. 더 많이 구하는 건, 은혜로우신 하나님의 뜻과 역사하심에 따라서만 살지는 않으려 하는 유혹이 될 수 있다. 광야에서 만나를 받은 히브리 백성은 하루에 먹을 만큼의 양식만 거둘 수 있었다(출 16:16). 날마다 우리에게 손 내미시는 하나님께 우리도 날마다 손을 내밀어야 한다. 이로써 매일같이 우리는 우리가 살아 있다면, 우리 삶이 어떤 의미와 중요성이 있다면, 그것은 오로지 하나님이 날마다 주시는 선물 덕분이라는 깨달음에 눈뜬다.

이 기도는 우리를 정직한 고백으로 이끌어야 한다. 솔직히 생각해 보자. 우리는 일용할 양식에 대해 별로 생각하지 않는다. 대다수 사람, 적어도 이 책을 읽고 있는 이들에게 양식은 그리 큰 문제가 아니다. 양식이 모자라서가 아니라 오히려 넘쳐 나서 죽는다. 마음속을 좀먹는 공허함을 끝없는 소비로 채우려 하기 때문이다. 우리는 부유한데, 예수님은 부자들이 큰 문제에 봉착한다고 말씀하신다.

온두라스 작은 마을에 사는 한 여성은 매일매일 힘들게 산에 올라가 요리에 사용할 나뭇가지를 모으고 물을 긷는다. 그다음에는 남편이 기른 옥수수를 한 알 한 알 소중하게 간다. 올해 수확한 옥수수로 겨울을 날 수 있기를 바라면서 말이다. 여인의 손에서 토르티야가 만들어진다. 토르티야를 팬에 넣고 구워 아이들에게 하나씩 먹인다. 아이들의 굶주린 배를 채울 그날의 유일한 음식이다. 이 여성이 드리는 "오늘 우리에게 일용할 양식을 주시옵고"라는 지금 기도는 우리가 드리는 기도와는 전혀 의미가 다를 것이다.

오히려 우리는 과소비가 넘쳐 나는 사회에서 이렇게 말할 수 있는 은혜를 구해야 한다. "이만하면 적당한 때를 아는 은혜를 주시옵고." "세상이 우리를 지나친 소비로 유인할 때 거절하도록 도와주시옵고." "자신에게 너무 많이 소비한 것을 용서해 주시옵고." 이렇게 기도하면서 우리는 '본질로 돌아가는' 법을 배울 수 있을지도 모른다. 우리가 바라는 것 대신 우리에게 정말 필요한 것을 구하도록 훈련받을 것이다.

수 세기 전, 니사의 그레고리오스(Gregory of Nyssa)는 우리가 구하도록 허락된 것은 양식처럼 아주 기본적인 것뿐이라고 말했다. 양 떼나 비단옷, 우월한 위치, 기념비나 높은 지위도 구해서는 안 된다. 오로지 양식만 구할 수 있다. 게다가 "오늘 **우리에게** 일용할 양식을 주시옵고"라고 기도한다. 내게 주시는 일용할 양식이 아니라, 우리에게 주시는 양식, 곧 나누어 먹는 양식을 구한다. 양식(빵)은 공동 생산품이자 소유이기에 혼자 먹는 것이 아니다. 아이오와의 농부, 뉴욕의 제빵사, 당신이 사는 동네의 배달 트럭 기사가 모두 협동하여 빵을 만들어 당신에게 전달한다. 이런 의미에서 혼자 먹거나 혼자 사는 사람은 아무도 없다.

이런 사실은 양식이 공동 생산품일 뿐 아니라 공통 책임임을 암시한다. 바실리오 대제(Basil the Great)는 어느 설교에서, 우리가 가진 것 중에 그 어느 것도 온전히 우리만의 것이 아니며, 특히 일용할 양식을 초과하는 것은 더욱 그렇다고 분명히 말했다. 그는 이렇게 쓴다. "당신 집에 썩어 가는 양식은 굶주린 사람들의 몫이다. 침대 밑의 곰팡이가 핀 신발들은 맨발인 사람들의 몫이다. 가방에 고이 모셔 둔 옷들은 헐벗은 사람들의 몫이다. 금고 속에서 가치만 떨어지고 있는 그 돈은 가난한 이들의 몫이다!"

우리 양식은 우리 것이 아니다. 소유하거나 쌓아 둘 수 없다. 우리 양식은 우리 형제자매의 몫이다. 양식은 하나님이 모든 이에게 주신 선물인데, 그분이 주신 다른 많은 좋은 선물처럼 우리 이기심이 그것을 악용했다. "오늘 우리에게 일용할 양식을 주시옵고"라는 기도는 우리 자신을 근본적으로 돌아보는 기도다. 하나님이 양식이라는 선물을 통해 우리에게 하신 요구를 인정하는 것이며, 이웃의 필요에 대해 우리가 지닌 책임을 받아들이는 것이다. 우리 삶을 다른 이들에게 내어 주라는 부르심에 귀 기울이는 것이다.

Kingdom Economics

17

가난한 이들과 함께하는 교회

제자 중 하나로서
예수를 잡아 줄 가룟 유다가 말하되
이 향유를 어찌하여 삼백 데나리온에 팔아
가난한 자들에게 주지 아니하였느냐 하니
이렇게 말함은 가난한 자들을 생각함이 아니요
그는 도둑이라
돈궤를 맡고 거기 넣는 것을 훔쳐 감이러라.

// 요한복음 12장 4-6절

솔직히 말해, 대부분의 사람이 가룟 유다에게 공감할 것이다. 그는 도둑이었지만 맞는 말을 했다. 마리아가 예수님의 발에 쏟아붓고 그녀의 머리카락으로 닦은 그 값비싼 향유를 팔아 가난한 이들에게 주었어야 했다. 그렇다. 솔직히 말해 우리는 이런 결론을 거부하기가 쉽지 않다. 유다의 말이 설득력 있게 느껴진다.

오늘날 세상은 그리스도인들이 믿는 바 때문에 '정의를 위한 싸움'에서 믿음직한 동맹이 되기 어렵다고 생각한다. 이러한 현실 속에서도 가난한 이들에 대한 우리 그리스도인들의 관심은 세상으로부터 어느 정도 존경을 받을 수 있다. 교회를 경멸하는 사람들조차도 그리스도인들이 반동적인 신념에도 불구하고 선한 일을 행한다는 사실만큼은 인정하지 않을 수 없다. 따라서 그리스도인들이 정의를 위한 열정에 불타는 것은 좋은 일이다. 억압하는 체제의 피해자들을 위한 열정으로 타오르는 것도 좋은 일이다. 다만 그런 열정이 우리를 가룟 유다의 편으로 이끌 위험이 있다는 점이 문제다.

이는 우리가 예수님이 유다에게 하신 반응에 불쾌함까지는 아니더라도 깊은 당혹감을 느낄 수 있다는 뜻이다. "그를 가만두어 나의 장례할 날을 위하여 그것을 간직하게 하라 가난한 자들은 항상 너희와 함께 있거니와 나는 항상 있지 아니하리라"(요 12:7-8). 우리는 예수님이 이 말씀만큼은 하시지 않았으면 하고 생각한다. 기독교가 민중의 아편이라는 마르크스의 주장을 뒷받침할 성경 구절이 필요하다면, "가난한 자들은 항상 너희와 함께 있거니와"라는 이 구절로 충분하다. 하지만 주의할 점이 있다. 이 말씀을 하신 분이 이 땅에서 가난하셨다는 것이다. 마리아가 곧 죽음을 맞이할 이 가난한 분에게 값비싼 향유를 바친 것은 분명 기념할 만한 일이다. 특히 가난한 자들에게는 더욱 그렇다. 그들 가운데 한 사람이 값진 선물을 받고, 그들 가운데 한 사람이 높임을 받는 것이다. 그러므로 당신이 가난한 사람이라면, 마리아의 행동은 선한 일이다.

그리스도인들이 이 본문을 인용해 가난한 자들에게 현재의 처지를 받아들이라고 가르쳐 온 것은 사실이다. 그렇게 하면 결국 부유한 자들보다 더 큰 상을 받게 될 것이라고 말하면서 말이다. 그런데 교회는 예수님이 가룟 유다에게 하신 대답을 깊이 묵상하지 않고 넘어간 경우가 많다. "우리가 가난한 자들을 돌보는 것 이상을 한다면 어떨까?", "가난한 자들과 함께 기뻐한다면 어떨까?"와 같은 질문을 던지지 않았다.

이러한 질문이 제기되지 않는다는 사실은, 교회가 기독교가 본질적으로 가난한 자들의 신앙임을 잊었음을 보여 준다. 적당히 풍족한 삶을 사는 우리는 시공간을 초월해 교회가 가난한 자들로 구성되어 왔다는 분명한 현실 앞에서 당황하게 된다. 적당히 풍족하게 사는 우리는 마리아의 선물을 보며 '저건 쓸데없는 낭비야'라고 생각하고 싶은 유혹을 느낀다. 좀 더 실용적인 선물이나 좀 더 전략적인 장기 계획이 더 나은 선택이었을 거라고 생각하게 된다. 그러나 가난한 사람들은 이분이 바로 자기들의 처지를 함께 나누시는 예수님이라는 것을 안다. 그렇다면 곧 죽음을 맞이할 이분의 몸을 준비하기 위해 드린 이 값비싼 선물보다 더 합당한 것이 과연 있을까?

그러므로 우리는 교회의 재산을 가난한 이들의 재산으로 여겨야 한다. "가난한 자들은 항상 너희와 함께 있거니와"라는 말씀은 가난한 자들에 대한 무관심을 정당화하려는 것이 아니다. 오히려 "여기 내 형제 중에 지극히 작은 자 하나에게 한 것이 곧 내게 한 것이니라"(마 25:40)라는 말씀을 온전히 깨달은 교회를 묘사하는 것이다. 교회는 마리아가 아낌없이 쏟아부은 값진 선물을 재현하며, 세상과 그리스도를 위해 자신을 온전히 내어 주는 공동체다.

4세기 기독교 시인 프루덴티우스(Prudentius)는 성 로렌스(Saint Lawrence)의 삶을 작품에 담아냈다. 3세기 중반 로마교회의 부제였던 로렌스는 교회 금고를 관리하는 책임을 맡았다. 당시 로마 치안관은 기독교 사제들이 금과 은으로 된 그릇에 제물을 바친다는 소문을 듣고, 로렌스에게 교회의 재물을 모두 가져오라고 명령했다. 프루덴티우스에 따르면, 로렌스는 이렇게 대답했다고 한다.

> 우리 교회는 부자입니다.
> 그 사실을 부인하지는 않겠습니다.
> 교회에는 재물과 금이 많습니다.
> 세상 그 누구보다도 많습니다.

로렌스는 치안관에게 교회의 재산을 모을 시간을 사흘만 주면 "그리스도의 귀중품"을 모두 가져가겠다고 약속했다. 그 사흘 동안 로렌스는 병자들과 가난한 자들을 불러 모았다. 프루덴티우스는 계속해서 말한다.

> 그가 불러 모은 사람들 중에는 두 눈이 없는 사람, 무릎을
> 다쳐 다리를 저는 사람, 다리가 하나밖에 없는 사람,
> 한 다리가 다른 다리보다 짧은 사람, 그리고 다른 중증
> 환자들도 있다. 그는 그들의 이름을 적고 교회 입구에 줄을
> 세운다. 그러고 나서 치안관을 찾아가 교회로 데려온다.
> 치안관이 교회 문으로 들어서자 로렌스는 누더기를 걸친

사람들을 가리키면서 이렇게 말한다. "이들이 교회의 재산입니다. 이들을 데려가십시오." 자신이 모욕당했다고 생각한 치안관은 노발대발하여 그를 타오르는 철판 석쇠에 올려 서서히 죽이는 형을 내리라고 명령한다.

로렌스는 교회가 항상 가난한 이들과 함께한다는 것이 무엇을 의미하는지 보여 주는 본보기다. 가난한 이들과 함께한다는 것, 곧 예수님과 함께한다는 것은 가난한 사람을 부자로 만들어야 한다는 뜻이 아니다. 물론 부유한 그리스도인과 가난한 그리스도인은 서로 섬기라는 부르심을 받았다. 부자나 가난한 자 모두가 굶주린 자를 먹이고 헐벗은 자를 입히라는 부르심을 받았다.

하지만 교회가 가난한 자들의 교회라면, 인생이 승자와 패자의 제로섬 게임인 것처럼 살도록 우리를 유혹하는 죽음과의 거래를 단호히 거부해야 한다. 우리는 마리아와 같이 예수님과 만나 그분의 손길을 받은 사람들이다. 그래서 우리도 마리아처럼, 그리스도를 통해 우리의 삶이 풍성한 생명으로 열렸다는 것을 안다. 예수님은 그분의 죽음과 부활을 통해 끝이 없는 풍성함 그 자체가 되셨다.

Part 5

십자가로 이루는 평화

Jesus Christ

Church

폭력의 세상에
화해의 씨앗 뿌리기

Gospel

맹렬하신 하나님, 우리는 주님의 평화가
두렵습니다. 평화를 바란다고 말하면서도, 전쟁과
폭력이 우리 상상력과 영혼을 사로잡고 있음을
고백합니다. 주님의 사랑의 변혁의 능력으로
우리의 폭력을 깨뜨려 주소서. 폭력을 길러 내는
모든 혐오와 사랑을 우리에게서 제거하소서.
우리가 주님의 평화를 임하게 할 수는 없지만,
주님은 성령을 통해 우리가 그 평화 가운데
살아가게 하실 수 있습니다. 그러하오니 그
성령으로 우리를 불타오르게 하사, 세상이 충만한
주님의 화해의 나라가 되게 하소서.*

Sowing Seeds of Peace

18

거짓 평화를 깨는 용기

네 형제가 죄를 범하거든
가서 너와 그 사람과만 상대하여 권고하라
만일 들으면 네가 네 형제를 얻은 것이요
만일 듣지 않거든 한두 사람을 데리고 가서
두세 증인의 입으로 말마다 확증하게 하라
만일 그들의 말도 듣지 않거든 교회에 말하고
교회의 말도 듣지 않거든
이방인과 세리와 같이 여기라.

// 마태복음 18장 15-17절

화해 문제를 다루는 본문치고는 확실히 이상하다. 화해를 끌어내기보다 오히려 갈등을 유발하는 듯 보이니 말이다. 예수님은, 누군가에게 불만이 있으면 당신에게 잘못한 그 사람을 한번 대면해 보는 것도 괜찮다고 말씀하시지 않는다. 당신에게 죄를 범한 그 사람을 반드시 상대해야 한다고 말씀하신다. 평화를 깨뜨리지 않는 편이 더 좋다고 가정하여 잘못을 간과해서는 안 된다. 오히려 긁어 부스럼을 만들고 파문을 일으키는 위험을 감수해야 한다.

성경이 소위 평화의 사람들인 그리스도인들에게 서로 적극적으로 대면하라고 권면할 수 있는 근거는 무엇인가? 예수님이 그렇게 하라고 권면하시는 것은 그분의 성품과 어울리지 않으며, 그런 명령을 따르라는 것도 기독교 공동체의 성격과는 맞지 않는 것 같다. 하지만 그런 대면이야말로 화해한다는 것의 진정한 의미를 드러낸다.

당신이 공동체의 누군가에게 불만이 있다면, 가서 해결하려고 애써야 한다. 처음에는 혼자 가지만, 화해가 이루어지지 않으면 증인들을 데려가서 '공론화'해야 한다. 그래도 해결되지 않으면 교회 전체 앞에 문제를 내놓는다.

하지만 이런 과정은 지나치게 극단적일 수 있다. 특히 대부분의 사소한 갈등 상황에서는 더욱 그렇다. 누군가에게 불같이 화가 날 때도 있지만 조금만 기다리면 그 감정이 가라앉는다는 것을 알게 된다. 게다가 어느 누가 쉽게 상처받는 사람으로 보이길 원하겠는가? 사소한 문제를 크게 부풀리는 사람을 좋아하는 이는 없는데, 특히 그들이 '원칙 문제'라 주장할 때는 더욱 그러하다. 더 중요한 것은, 대부분의 사람들이 시간이 모든 상처를 치유해 준다는 것을 배운다는 점이다. 그래서 어떤 갈등은 시간이 흐르면서 저절로 잦아들기를 기다리는 편이 더 낫다.

하지만 예수님은 평화의 공동체에 무엇이 필요한지에 대해 전혀 다른 전제를 가지고 계신 것 같다. 단순히 갈등이 없는 상태가 평화가 아니라는 것이다. 오히려 화해는 용서받은 백성으로 살아가는 법을 아는 공동체가 만들어 내는 삶의 특징이자 실천이다. 그런 공동체는 다른 사람의 죄를 지나칠 수 없는데, 그런 죄가 죄를 지은 사람뿐 아니라 평화의 공동체를 유지하는 데 위협이 된다는 것을 깨달았기 때문이다.

그리스도인은 더는 자기 삶을 자기 것으로 여겨서는 안 된다. 우리 불만도 '우리 것'으로 품고 있을 수 없다. 형제나 자매가 우리에게 죄를 지었을 때, 그 상처는 우리만이 아니라 공동체 전체에 영향을 미친다. 기독교 공동체는 우리가 상처받았다는 감정을 곱씹도록 내버려둘 수 없다. 화해를 기대하면서 그 잘못을 드러내야 한다. "너희는 하나님의 은혜에 이르지 못하는 자가 없도록 하고 또 쓴 뿌리가 나서 괴롭게 하여 많은 사람이 이로 말미암아 더럽게 되지 않게 하며"(히 12:15). 우리는 잘못을 '개인적인' 일로 보는 법을 배워야 한다. 우리가 '개인적인' 것이 공동선을 위해 매우 중요한 공동체에 속해 있기 때문이다.

\\\\\\\\\\

 대다수 사람의 삶이 사랑보다는 자신의 혐오와 미움, 자신의 권리와 잣대의 영향을 받고 있다는 것은 달갑지 않은 사실이다. 내가 진정으로 원하는 게 무엇인지는 잘 모르지만, 내가 싫어하고 혐오하는 대상이나 사람은 분명히 알고 있다. 누가 나에게 잘못을 저지르면 고통스럽지만, 적어도 그런 잘못은 내게 원망의 역사를 만들어 주고, 그것이 나를 형성한다. 원한을 품지 않거나 적이 없다면 내가 누구인지 어떻게 알 수 있겠는가?

 우리 원수는 예수님이 우리에게 대면하라고 요구하고 계신 그 사람들이 아닌가 싶다. 그분은 우리가 당한 잘못을 곱씹으며 살아가지 말라고 말씀하신다. 오히려 우리에게 죄를 범한 사람들을 대면하는 어려운 과제에 참여하라고 명하신다. 그런 대면은 우리도 우리가 대면하는 상대처럼 약해져야 하는 일이기에 힘들다. 즉, 그 과정에서 우리가 실수하거나 오해했음을 발견할지도 모른다. 더 괴로운 점은, 우리가 부당한 취급을 당했더라도 그 형제나 자매를 대면함으로써 요나가 말씀을 전했던 니느웨 백성처럼 그 사람도 회개하고 따라서 우리와 화해할 수밖에 없는 가능성을 상상해야 한다는 것이다. 증오의 대상이 사라지는 상황이 벌어진다.

이런 관점에서 평화를 이루는 일은 지루함과는 거리가 멀다. 오히려 가장 어려운 과업이다. 흥미롭게도, 예수님은 기독교 공동체에는 갈등과 잘못이 있을 수밖에 없다고 가정하신다. 그런 일들을 없앨 수 있느냐 없느냐보다 어떻게 다룰 것이냐가 문제다. 갈등으로 죄를 범한 경우에는 공개적으로 드러내야 한다. 그래야 하는 이유는 예수님이 주신 평화가 안식이나 부정이 아닌 진리에서 나오는 온전함이기 때문이다.

그래서 예수님은 그분을 따르는 사람들이 죄를 그냥 두고 봐서는 안 된다고 주장하신다. 우리가 죄를 지은 사람에게 도전하지 못할 때, 사실상 그들을 죄와 그에 따른 결과에 내버려두는 것이다. 진실한 평화를 세우는 어려운 일에 참여하기를 꺼림으로써, 우리는 그들을 얼마나 대수롭지 않게 여기는지를 드러낸다.

그러한 우리의 행동은 또한 우리가 '용서받은 공동체'로 산다는 것이 무엇을 뜻하는지 제대로 이해하지 못하고 있음을 보여 준다. 여기서 상대한다는 것은 용서하기 위한 과정임을 전제로 한다. 베드로는 얼마나 많이 용서해야 하느냐고, 일곱 번까지 용서해야 하느냐고 묻는다(마 18:21). 우리는 베드로의 질문에 동조할 수밖에 없는데, 항상 용서할 준비가 되어 있다는 것은 건전한 상식에 반하는 듯하기 때문이다. 언제나 당연히 용서해 준다면 어떤 공동체가 지속되겠는가? 하지만 예수님은 용서에는 한계가 없어야 한다고 말씀하신다. 용서가 없으면 평화도, 공동체도 없다.

화해를 이루고 공동체를 세우게 하는 '용서'가 판단을 유보한다는 뜻은 아니다. 문제는 우리가 서로 책임을 물어야 하는지가 아니라, 그 책임을 묻는 근거와 방법이 무엇인가 하는 것이다. 누군가 우리에게 죄를 지었거나 우리가 죄를 지었음을 알려면 '죄인'이 무엇인지를 이해하게 해 주는 언어와 그에 맞는 행동 양식이 있어야 한다. 이러한 기반 위에서야 비로소 우리는 독단적인 판단이나 자기 의에 빠지지 않을 수 있다.

다시 말해, 우리는 항상 용서받은 사람으로서 타인을 대해야 한다. 그렇지 않으면, 우월한 지위에 있는 재판관처럼 상대에게 권력을 행사하게 된다. 그러나 예수님이 주시는 교훈에서 중요한 점은, 우리가 용서하는 자나 용서를 권력이나 무기로 사용하는 사람으로서가 아니라, 자신에 대한 진실을 깨달은 사람으로서 서로 상대한다는 것이다. 그 진실이란 우리 모두에게 용서가 필요하고, 실제로도 용서받았다는 것이다.

그렇다면 교회 밖에 있는 사람들과 화해하는 문제는 어떠한가? 우선, 교회는 진리보다는 권력 위에 세워질 때가 많은 세상의 거짓 평화를 직시하고 거기에 도전할 준비가 되어 있어야 한다. 가짜 평화가 드러나면 폭력으로 변할 가능성이 크기 때문에 이는 분명히 위험한 일이다. 그러나 교회는 자신에게 진실한 만큼 세상에도 진실해야 한다. 우리가 진실하지 못하면 세상에 전할 수 있는 평화도 없다.

그리고 서로에게도 충분히 진실하지 못할 것이다. 우리는 어떤 형태의 기독교는 우상숭배라는 사실을 인정하지 않으려 한다. 기독교가 국가의 이익이나 특정 정당, 사회적 이상과 동일시되면, 그 사실을 있는 그대로 지적해야 한다. 우리는 그런 지적을 두려워하는데, 그리스도인인 사람은 그렇지 않은 사람보다는 낫다고 생각해서다. 그러나 '나쁜 기독교'는 매우 해롭고, 우리는 그 점에 좀 더 솔직해질 필요가 있다.

둘째로, 그리스도인들은 세상에 평화가 가능하다는

희망을 절대 포기해서는 안 된다. 하나님의 피조물인 우리는 모두 평화를 위해 창조되었다. 따라서 우리는 세상이 평화의 습관을 찾도록 도와야 한다. 평화가 없는 세상에서는 폭력만이 유일한 대안처럼 보이는 경우가 많다. 다시 말해, 우리는 전쟁의 필요성을 부인해야 한다. 세상에서 비폭력적으로 갈등을 해결하기 위한 태도와 구조를 갖추기 위해 힘써야 한다. 언제나 희망은 있다. "화평하게 하는 자들은 화평으로 심어 의의 열매를 거두느니라"(약 3:18).

예를 들어, 과거에 노예 제도는 자연적인 질서로 여겨졌다. 사회는 노예 제도 폐지를 주장하는 사람들을 이상향을 꿈꾸는 어리석은 사람들이라고 생각했다. 물론 아직도 노예 제도가 존재하지만, 오늘날에는 아무도 공개적으로 노예 제도를 지지하지 않는다. 전쟁도 계속될 테지만, 하나님이 이루실 미래에 비추어 세상을 살아가는 그리스도의 제자들은 전쟁을 불가피한 일로 정당화하기를 거부한다. 19세기가 노예 제도 폐지의 시대였다면, 왜 지금 이 세기는 전쟁을 종식하는 시대가 될 수 없는가?

우리는 교회가 다름을 해결해 온 방식을 바탕으로, 세상이 폭력을 대신할 대안을 상상할 수 있도록 도와야 한다. 안타깝게도, 교회는 평화의 공동체가 되는 데 필요한 갈등과 용서를 세상에 증언하지 못해 세상을 자주 실망시켰다.

화평하게 하는 공동체의 본보기가 없다면, 세상은 대안을 찾지 못한 채 폭력과 강압으로 분쟁을 조정할 수밖에 없다. 그래서 우리 그리스도인은 하나님이 우리를 화평하게 하는 자로 부르셨다는 사실에 기뻐할 수밖에 없다. 하나님의 평화에 참여하는 일보다 더 기쁘고 흥미진진한 일이 또 어디 있겠는가?

Sowing Seeds of Peace

19

칼 대신 십자가를 지니고

이에 예수께서 이르시되
네 칼을 도로 칼집에 꽂으라
칼을 가지는 자는
다 칼로 망하느니라.

// 마태복음 26장 52절

그리스도인들은 칼을 들지 않고 대신 십자가를 지닌다. 그러나 그렇다고 해서 우리가 무방비로 세상에 보내졌다는 뜻은 아니다.

히브리서에 따르면, 하나님의 말씀은 좌우에 날 선 어떤 검보다도 예리하여 혼을 꿰뚫고, 모든 것이 하나님의 눈앞에 벌거벗은 것처럼 드러나게 한다(히 4:12-13). 성경은 진리의 무기로서, 예수님을 따르는 이들이 권세의 거짓과 속임수를 드러내어 그 권세를 무장 해제할 수 있게 해 준다(고후 10:4). 그리스도인들은 결코 무방비 상태가 아니다. 우리는 폭력의 근원인 망상으로부터 우리를 보호해 줄 하나님의 말씀을 받았다.

예수님은 분명히 말씀하신다. 세상이 제공하는 수단으로 우리 생명을 지키려는 시도는 결국 실패할 수밖에 없다. 생명을 잃어버릴 각오가 되어 있어야 생명을 얻는다. 그러나 우리가 기꺼이 잃어버릴 준비가 되어 있어야 할 그 생명은 '예수님을 위해' 잃는 생명이다(마 16:25).

흔히 가족이나 국가의 이름으로 정당화되는 자기희생은 억압적인 방식으로 변질되기 쉽다. 권력자들이 왜곡된 목적으로 그런 희생을 미화하는 경우가 자주 있다. 예수님은 우리 자신을 잃는 것 자체가 목적이 되어서는 안 된다고 분명히 말씀하신다. 예수님만이 우리 생명을 요구할 권리가 있으시기에 우리가 그분을 따르기를 원하신다.

예수님을 따르는 일은 결코 안전하지 않다. 안정감과 질서를 준다는 이유로 기독교를 좋은 삶의 방식으로 정당화하는 것은 착각이다. "함께 기도하는 가족은 흩어지지 않는다"라는 식의 정서는 가족을 우상화하는 길로 이어질 수밖에 없다.

"아버지나 어머니를 나보다 더 사랑하는 자는 내게 합당하지 아니하고 아들이나 딸을 나보다 더 사랑하는 자도 내게 합당하지 아니하며"(마 10:37)라는 말씀은 난해하지만, 예수님이 제자들을 박해에 대비하게 하실 수밖에 없던 까닭을 분명히 보여 준다. 이제 우리 부모와 형제와 자매는 소위 혈연이 아니라, 제자 공동체 안에 있다.

강단에서 이런 말씀을 전하게 하고, 그런 설교자들이 박해 없이 살아갈 수 있는지 한번 보라. 여기에는 많은 것이 걸려 있다. 사랑하는 사람들과 우리의 생활방식을 보호한다는 명목으로 국가 폭력을 정당화하는 일이 빈번하다. 그러나 예수님은 바로 그런 충성을 경계하신다.

예수님은 가족과 조국을 보호한다는 이름으로 칼을 휘두르려는 자들에게 도전하신다. 나아가서, 그분이 그렇게 하신다는 사실이 곧 기독교 신앙의 진실성을 이해하는 데 중요한 단서가 된다. 흔히 현대 과학 때문에 기독교 신앙을 믿기 어렵다고 생각하지만 기독교 신앙에 대한 근본적인 도전은 그리스도인들이 예수님이 요구하시지 않은 충성에 순응하는 데 있다.

예수님은 그분을 따르는 이들에게 살인을 허락하지 않으시지만, 그들에게 기꺼이 죽을 각오를 요구하신다. 사람들은 비폭력에 헌신한 이들에게 이렇게 묻곤 한다. "만약 누군가 당신의 배우자나 자녀를 죽이려 한다면 어떻게 하겠습니까?"

예수님을 따르는 이들에게 정말로 그런 상황이 닥칠 수도 있겠지만, 우리가 아버지나 어머니, 아들이나 딸보다 그분을 더 사랑하는 법을 배워야 한다는 그분의 말씀은 이 질문에 대한 답이 흔히 생각하는 것만큼 명확하지 않다는 뜻이다.

예수님을 따르고 사랑한다는 것은 우리와 우리가 사랑하는 이들이 죽음을 피할 수 없다는 뜻일 수 있다. 그 사랑은 가혹하고 두려운 사랑이지만, 생명 자체를 가능케 하시는 분의 사랑으로 단련된 사랑이다.

물론 하나님 아버지가 예수님의 아버지가 아니시라면, 우리가 사랑하는 이들의 죽음을 예상하거나 묵상하는 것은 부도덕한 일이 될 것이다. 그러나 하나님 아버지는 예수님의 아버지시며, 예수님은 하나님 아버지의 아들이시다. 이 아들은 결코 누구의 생명도 빼앗지 않으시며, 오히려 친히 죽임을 당하시고 다시 살아나셨다.

Sowing Seeds of Peace

20

비폭력의 길, 위험이 따르는 모험

선을 행함으로 고난을 받고 참으면
이는 하나님 앞에 아름다우니라
이를 위하여 너희가 부르심을 받았으니
그리스도도 너희를 위하여 고난을 받으사
너희에게 본을 끼쳐
그 자취를 따라오게 하려 하셨느니라.

// 베드로전서 2장 20-21절

나는 스스로 평화주의자라고 생각하는 사람 중 다수가 아우구스티누스(Augustine)처럼 "하지만 지금은 말고요"라고 말하는 사람들이 아닐까 의심스럽다. 물론 거기에는 그럴 만한 이유가 있다. 비폭력적인 삶의 방식은 한편으로는 너무 어렵고, 다른 한편으로는 너무 평화로워 보인다. 우리는 비폭력주의자라고 주장하는 것이 정확히 무슨 뜻인지조차 확신하지 못한다. 우리 가운데 실제로 폭력의 위협을 피부로 느끼는 사람이 얼마나 있는가? 게다가 무정부 상태를 막고 정의를 실현하기 위해서는 때로는 폭력이 불가피하다고 생각할 수도 있다.

더군다나 평화라는 말은 그냥 너무 평화롭게만 들린다. 평화로운 삶은 잡초가 자라는 것을 지켜본다거나 (나 같은 텍사스 출신에게는) 크리켓 경기를 보는 것만큼이나 따분하게 느껴질지도 모른다. 어떤 사람들은 비폭력이 평화주의자가 된다는 것의 의미를 설명해 주는 더 나은 방법이라고 생각한다. 하지만 '비폭력'이라는 설명에도 그 나름의 문제가 있다. 일단 '비폭력'이라는 단어 자체가 폭력에 기대어 있는 말이다.

비폭력을 폭력의 대안으로 주장하지만, 그 이름조차 폭력 없이는 성립하지 않는다. 비폭력을 폭력 없는 세상에 대한 헌신처럼 보이게 만드는 그 '비'(非)는 실제로는 지속적인 폭력을 전제한다. 평화는 그저 폭력이 없는 상태에 불과하다. 과연 그것이 얼마나 유용할 것인가?

평화가 그저 폭력이 없는 상태에 불과하다면, 당신은 일상에 내재한 폭력을 인식하지 못할 수도 있다. 그저 옳은 일에 앞장서려 애쓰기만 해 봐도, 우리가 사는 세상이 얼마나 폭력적일 수 있는지 보게 될 것이다. 좀 이상하게 들리겠지만, 우리는 일상적인 상호작용을 하는 듯 보일 때조차도 폭력의 행위자일 수 있다. 예를 들어, 계층, 성별, 인종 간의 관계는 모두가 겉으로는 '친절하게' 행동해도 여전히 상당히 폭력적인 경우가 많다.

어떤 사람이 평화주의자라고 선언하더라도 똑같은 문제에 봉착하게 된다. 평화를 정의하기가 어렵듯이, 평화주의자가 어떤 사람인지 알기란 쉽지 않다. 나는 오랫동안 스스로 평화주의자라고 밝혀 왔지만, 사람들이 나에 대해 그렇게 이야기하는 것을 좋아하지는 않았다. '평화주의자'라는 말은 자신이 진실되고 옳다고 믿는 바를 표현하기에는 지나치게 수동적인 표현처럼 느껴진다.

도로시 데이(Dorothy Day), 마틴 루터 킹 주니어(Martin Luther King Jr.), 마하트마 간디(Mahatma Gandhi) 같은 위대한 평화주의자들은 그렇게 수동적인 사람 같지 않은데 말이다. 초기 그리스도인들도 마찬가지였다. 그러나 평화주

자는 자신이 폭력을 쓰지 않더라도, 다른 사람들이 폭력을 사용해 세상의 질서를 유지해 주기를 기대하는 사람처럼 보인다. 이런 인식을 반박하기란 쉽지 않다.

실제로 폭력의 파괴적인 성격이 그것을 더 매력적으로 보이게 만든다. 그 말이 믿기지 않는다면, 당신이 평화를 다룬 영화를 마지막으로 본 때가 언제인지 떠올려 보라. 갈등, 심지어 전쟁이 상상력을 사로잡는다. 사도 야고보는 "너희 중에 싸움이 어디로부터 다툼이 어디로부터 나느냐"라고 묻는다. "너희 지체 중에서 싸우는 정욕으로부터 나는 것이 아니냐"(약 4:1). 참으로 쉽지 않은 싸움이다.

군인들이 전투 이후에, 충돌 상황에서는 자신이 어디에 있거나 무엇을 해야 할지 감을 잡기 힘들었다고 보고하는 일은 흔하다. 전투가 끝나고 나서야, 벌어진 일에 일관성을 부여해 주는 이야기를 만들어 내는 경우가 많다. 더 나아가서 그런 이야기는 전투의 공포에도 불구하고 할 일을 했을 뿐이라는 의식을 심어 주어 전쟁을 정당화하게 된다. 비폭력에 헌신한 우리에게조차도 그런 이야기들이 우리 상상력을 형성하는 모험담이 된다. 전쟁 없는 세상을 상상하기가 힘든 것이다.

마지막 날에 난리와 난리 소문이 들려오고 나라가 나라를 대적하여 일어나리라고 예수님이 친히 말씀하시지 않았던가?(마 24:6-7) 전쟁은 선한 사람과 악한 사람을 구별하는 일관성을 만들어 내며, 그것이 우리 삶에 의미를 부여한다. 평화를 간구하면서도 "지금은 말고요"라는 말을 덧붙이는 사람에게는 그럴 만한 이유, 어쩌면 아우구스티누스의 "지금은 말고요"보다 더 설득력 있는 이유가 있는 것 같다.

예수님의 인격과 사역과는 별도로 평화의 개념을 생각할 때 평화주의는 "하지만 지금은 말고요"라는 반응을 불러올 뿐 아니라, 순진하다는 비판도 당연히 받게 된다. 정의라는 미명하에 강압 사용을 지지하는 이들이 자주 주장하듯이 "우리 모두 그냥 사이좋게 지내자"라는 말은 세상의 폭력을 진지하게 받아들이지 않는 순진한 감상주의로 판명된다.

복음서에 '원수를 용서하라'거나 '한쪽 뺨을 친 자에게 다른 뺨도 돌려 대라'처럼 비폭력을 암시하는 듯한 본문은 있지만, 신약성경 어디에도 철저한 평화주의자가 되라고 말씀하는 직접적인 명령은 없다. 어떤 사람들은 그것이 문제라고 생각할지도 모르지만, 이는 그리스도인들이 비폭력을 원칙이나 궁극적 목표로 삼지 않는다는 사실을 상기시켜 준다. 그리스도를 따르는 이들에게 비폭력은 단순한 전략이 아니다. 간디나 마틴 루터 킹 주니어처럼 비폭력을 전략으로 삼을 때 그것은 강압의 또 다른 형태가 된다. 그리스도를 따르는 이들은 비폭력적인 삶으로 부르심을 받았다. 이는 그들이 다른 이야기(내러티브)에 합당하게 살아가며 그리스도의 발걸음을 따르기 때문이다(요일 2:6).

비폭력에 관한 설명들이 비폭력적 삶이 얼마나 위험한 일인지 인정하지 못할 때가 너무나도 많다. 비폭력적 삶은 결코 지루하지 않다. 그리스도를 따르는 이들은 이유가 있어서 고난을 받는데, 제자도는 말 그대로 삶과 죽음의 문제이기 때문이다. 예수님의 본보기를 따르려는 이들에게 그것은 전혀 놀랄 일이 아니다.

"욕을 당하시되 맞대어 욕하지 아니하시고 고난을 당하시되 위협하지 아니하시고 오직 공의로 심판하시는 이에게 부탁하시며"(벧전 2:23). 예수님의 본보기를 따르는 것은 다른 누군가의 생명을 취할 준비가 아니라 스스로 죽을 준비가 되어 있다는 뜻이다. 예수님은 겟세마네 동산에서 베드로의 무장을 해제하셨다. 그분은 십자가를 지는 모든 이들의 무장을 해제하신다.

Sowing Seeds of Peace

21

상상력의 해방, 전쟁 없는 세상

그는 우리의 화평이신지라
둘로 하나를 만드사 원수 된 것
곧 중간에 막힌 담을 자기 육체로 허시고 ……
또 오서서 먼 데 있는 너희에게 평안을 전하시고
가까운 데 있는 자들에게 평안을 전하셨으니
이는 그로 말미암아 우리 둘이 한 성령 안에서
아버지께 나아감을 얻게 하려 하심이라.

// 에베소서 2장 14, 17-18절

진정한 세계 역사, 곧 우리의 운명을 결정하는 역사는 국민 국가(nation-state)가 이끌어 가는 역사가 아니다. 그 도덕적 호소력이 아무리 강력하다 해도 열방의 역사는 하나님 없는 역사에 불과하다. 교회만이 전쟁을 있는 그대로 설명할 위치에 있는데, 세상은 너무나 크게 망가진 나머지 전쟁의 실상과 무의미함을 알지 못하기 때문이다.

전쟁이란 무엇인가? 그것은 하나님을 제거하고 우리 의미와 운명을 스스로 결정하려는 욕망이 아니던가? 원수에게서 스스로 자신을 지키려는 욕구, 우리가 친구들과 공유하는 공통의 역사를 보호한다는 미명하에 우리 원수를 없애려는 욕구는 하나님에 대한 증오를 나타내는 징후나 다름없다.

그리스도인들은 원수를 사랑하는 법을 배우는 공동체에 참여함으로써 다른 역사의 가능성을 제안받았다. 교회를 통해 우리는 같은 창조주와 운명을 공유하는 것을 알게 되었다. 따라서 진정한 세계 역사는 전쟁 위에 세워진 역사가 아니라, 하나님이 그분의 창조 세계를 포기하지 않으심을 증언하는 공동체가 써 내려가는 역사다.

진정한 역사는 오직 하나, 곧 하나님의 평화의 나라의 역사다. 그리스도인들은 하나님의 역사와 세상 역사의 궁극적인 이원론을 인정하지 않는다. 즉, 그 두 역사가 완전히 분리되었다고 보지 않는다. 하나님이 그리스도 안에서 우리에게 허락하신 평화는 우리만을 위한 것이 아니라 모든 이를 위한 것이다. 우리가 믿는 하나님이 모든 사람의 하나님이시기 때문이다. 그러므로 우리는 전쟁 없이도 존재할 수 있는 국가가 있을 수 있다는 가능성을 배제하지 않는다. 그런 가능성을 부정하는 것이야말로 궁극적인 불신앙 행위일 수 있다. 세상을 돌보시고 주관하시는 하나님의 능력을 우리가 어찌 감히 헤아릴 수 있겠는가?

그러므로 우리 그리스도인은 윌리엄 제임스(William James)가 말한 "전쟁에 상응하는 도덕적 대안"을 제시하는데, 이는 바로 평화를 위한 사역에 자신을 내주는 것에서 시작한다(벧전 3:8-16). 제임스는 전쟁을 없애는 데 방해가 되는 본질적인 문제점이 우리 상상력에 있다고 제대로 진단했다. 전쟁이 만든 역사의 힘은 우리가 전쟁 없는 세상을 상상하지 못하게 만든다.

하지만 그리스도 안에서는 상상할 수 있다. 나사렛 예수의 삶과 죽음, 부활을 통해 하나님이 대안적 역사를 허락하셨기 때문이다. 그런 역사는 실현 불가능한 이상이 아니다. 그 역사는 지금 교회 가운데 존재하며, 전쟁의 힘에서 우리의 상상력을 해방하는 진정한 대안이다.

그리스도인의 상상력은 우리가 다른 이미지와 생각보

다 더 선호하는 이미지나 생각을 담은 그릇에 불과한 것이 아니다. 오히려 그것은 세상의 습관과 구별된 사람들만이 지닐 수 있는 일련의 습관과 관계다. 예를 들어, 교회의 상상력에서 가장 중요한 것은 십자가에 달리시고 부활하신 주님의 임재 가운데 우리가 함께 나누는 성찬이다. 그 성찬 가운데서, 그 일련의 습관과 관계 가운데서, 세상은 전쟁이 낳은 분열하는 습관의 대안을 보기 때문이다.

성찬식을 실천하면서 우리는 전쟁이 우리 삶에 필수적인 것으로 보이게 만드는 도덕성에 심각한 결함이 있음을 알게 된다. 그 도덕성은 우리 각자의 충성을 유지하기 위해서는 전쟁 말고는 다른 대안이 없다고 보기 때문이다. 이는 우리가 타인의 위협을(그것이 공격적이기 때문이든 단순히 낯설기 때문이든) 제거함으로써만 그런 충성을 지킬 수 있다고 가정하게 만든다. 하지만 역사의 주인이 주시는 성찬 가운데서 우리는 낯선 사람을 통해 자신의 독특함이 파괴되지 않고 오히려 강화되는 것을 발견한다.

교회에서 우리는 전쟁의 대안을 찾을 수 있는데, 여기서는 다른 사람의 역사를 우리 역사의 일부로 만드는 법을 배우기 때문이다. 우리가 그렇게 할 수 있는 이유는 하나님이 예수 그리스도의 삶과 죽음과 부활을 통해 우리를 새 백성으로 만드셔서 우리에게 그 방법을 보여 주셨기 때문이다.

교회가 전쟁의 역사가 아닌 다른 역사를 이어 간다고 말하는 것은 고상하게 들릴지 모르지만, 사실 우리는 그러한 역사 속에 살고 있지 않음을 안다. 우리는 전쟁이 수그러들 기미가 전혀 보이지 않는, 국민 국가가 주도하는 역사 속에 여전히 살아가고 있다. 전쟁의 호소력과 힘이 쉽게 무너지지 않는다는 것을 알기에, 비폭력에 헌신하는 우리는 더욱 꺾이지 않는 열정을 품고 세상을 살아가야 한다. 그러므로 우리 그리스도인들은 세상이 전쟁에 덜 집착하도록 만들기 위해 비록 한 걸음씩이라도 그 시도를 멈추지 말아야 한다.

우리는 평화를 폭력에 대한 예외로 생각해서는 안 된다. 오히려 그 반대가 맞다. 이를 출발점으로 삼을 때 우리는 평화의 습관 위에 길러진 공동체가 다른 방식으로는 보이지 않는 새로운 기회를 볼 수 있다고 믿으면서, 전쟁 억제와 군비 축소라는 복잡한 현실에 발을 들여놓을 수 있다.

\\\\\\\\\\\\

어떻게 그리스도인들이 다른 나라의 그리스도인들을 죽여야 할지도 모르는 전쟁에 참여할 수 있겠는가? 어떻게 우리가 연합의 식탁에서 일어나 그리스도에 대한 충성이 아닌 다른 충성이라는 이름으로 서로 죽이려 할 수 있겠는가? 전쟁이 요구하는 희생은 그리스도로 인해 가능해진 제단 위의 희생 제사에 반(反)하는 전례다. 우리 그리스도인들은 그리스도가 희생 제사를 끝내셨다고 믿는다. 십자가의 희생에 의해 규정되지 않는 그 어떤 희생도 더 이상 정당화될 수 없다는 뜻이다. 그래서 우리는 세상의 제단에 자신과 타인의 생명을 바쳐서 우리 존재를 보장할 필요가 없다.

그렇다면 성찬을 나누는 연합의 자리에서 일어나 국가에 대한 충성이라는 이름으로 다른 사람을 죽이는 것은 도대체 무슨 의미가 있단 말인가? 우리가 그렇게 행동할 때 세상이 그리스도인들을 진지하게 받아들이지 않는 것은 당연하지 않은가? 그럴 때 세상은 우리가 사실상 하나님이 아닌 세상에 속한 존재임을 안다.

그리스도인에게 전쟁이 어려운 이유는 단지 전쟁이 끔찍해서만이 아니라, 그것이 그리스도의 몸의 연합을 파괴하기 때문이다. 전쟁이 그리스도인의 적인 이유는 전쟁이 우리 자녀들을 잘못된 신들에게 바치라고 강요하고, 사람들을 잘못된 상징을 중심으로 결집하게 하며, 하나님이 아니라 국가들이 세상을 지배한다고 우리를 속이기 때문이다. 전쟁은 평화의 복음과 놀라울 정도로 강력한 도덕적 경쟁 관계에 있다.

예전에 내 사무실 문에 이런 글이 적힌 포스터를 붙여 둔 적이 있다. "평화를 위한 소박한 제안: 전 세계 그리스도인들이 서로 죽이지 않겠다고 합의하자." 이 정도로는 어림도 없다고 생각하는 사람도 있겠지만, 다른 그리스도인을 죽이지 않겠다는 그리스도인의 결심보다 더 급진적인 전략이 또 있을까? 우리는 함께 부름받은 우리가 가족이나 이웃, 국가를 초월하는 깊은 하나 됨으로 서로 연결되어 있다고 믿기 때문이다.

Part 6

증언의 정치

Jesus Christ

Church

세상 속에서 하나님 나라를
살아 내는 교회

Gospel

이스라엘의 거룩하신 분, 아브라함과 사라를
우르에서 불러내시고, 열방 가운데서 우리를
주님의 교회로 부르신 주여, '자기 의'에 빠진
우리를 구원하여 주소서. 주님은 우리를 서로
다르게 지으셨고, 그 다름을 통해 세상을 구원하게
하려 하셨습니다. 그러나 우리는 자주 그 다름을
이유로 세상을 조롱하고 싶은 유혹에 빠집니다.
세상이 본래 부조리하기 때문입니다. 그러나 우리
또한 그 세상의 일부이며, 그리하여 우리 역시
부조리함을 잊지 말게 하소서. 주님의 사랑으로,
우리 이웃의 판단과 우리 자신의 어리석은 판단을
빚어 주소서. 그리하여 우리가 함께 구원에 이르게
하소서.*

The Politics of Witness

22

교회의 첫 번째 과제, 교회가 되는 것

사랑하는 자들아
거류민과 나그네 같은 너희를 권하노니
영혼을 거슬러 싸우는 육체의 정욕을 제어하라
너희가 이방인 중에서 행실을 선하게 가져
너희를 악행한다고 비방하는 자들로 하여금
너희 선한 일을 보고 오시는 날에
하나님께 영광을 돌리게 하려 함이라.

// 베드로전서 2장 11-12절

복음의 사회적 취지, 그리고 그에 따른 기독교 사회 윤리의 주요 목표는 더 평화롭고 정의로운 세상을 만드는 것이 아니다. 직설적으로 말하자면, 사회 윤리와 관련하여 교회의 최우선 과제는 바로 교회가 되는 것이다. 교회를 교회답게 하는 것이 세상에서 평화의 나라를 신실하게 구현하는 것임을 기억하기 전까지는 그런 주장은 자기 잇속만 차리거나 적실성이 없는 것처럼 들릴 수 있다. 그렇다면 교회에 사회 윤리가 있는 것이 아니라, 교회가 곧 사회 윤리다.

교회는 이스라엘과 예수님의 이야기를 전하고 실천하며 듣는 곳이다. 그리고 그리스도인으로서 우리가 할 수 있는 일 중에 이보다 더 중요한 것은 없다. 그러나 우리가 그리고 세상이 그 이야기를 진실하게 들으려면, 우리는 특별한 종류의 사람들이 되어야 한다.

이는 거짓과 두려움의 세상에서 교회가 끊임없이 평화와 진리의 공동체가 되어야 한다는 뜻이다. 교회는 실행 가능한 사회 윤리가 무엇인지 정하도록 세상에 주도권을 내줘서는 안 된다. 교회 스스로 그 의제를 정한다. 먼저, 교회는 이 세상의 불의와 폭력 가운데서 인내하면서 과부와 가난한 자와 고아를 돌봐야 한다. 세상의 관점에서는 그런 돌봄이 정의라는 대의에 기여하는 바가 별로 없는 듯 보일지도 모르지만, 우리가 그런 돌봄에 시간을 내지 않는다면 우리도, 세상도 하나님의 정의가 어떤 모습인지 알 길이 없다.

이런 사회적 과제를 고려할 때 교회의 분열은 한층 더 고통스럽다. 평화의 나라를 세상에 미리 맛보여 주라는 소명을 받은 우리가 정작 우리 내부에서조차 평화를 사수하지 못하고 있기 때문이다. 그 결과, 우리는 세상이 제멋대로 하도록 내버려두고 만다. 또 교리나 역사나 실천이 중요하기는 하지만, 교회 내 분열은 그런 것들에만 근거하지 않는다. 교회를 괴롭히는 가장 깊고 고통스러운 분열은 우리가 죄악되게도 세상의 당연한 질서로 받아들여 온 계급과 인종, 국적에 근거한 것들이다.

다시 한번 말하지만, 교회의 첫 번째 사회적 과제는 교회가 되는 것이다. 즉, 예수님 안에서 발견한 하나님의 이야기를 기억하고 전할 수 있는 사람들이 되는 것이며, 그렇게 함으로써 세상이 자신을 세상으로 이해하도록 돕는 것이다. 세상은 물론 하나님의 세상, 곧 그분의 선한 창조물이다. 그렇기에 세상은 여전히 하나님의 선하심에 묶여 있으면서도 죄로 인해 심하게 왜곡되어 있다. 따라서 교회는 반(反)세상적인 존재가 아니라, 오히려 하나님의 선한 창조물로서 세상이 원래 어떤 모습이어야 하는지를 보여 주려는 시도다.

세상은 교회를 필요로 하지만, 그것은 세상을 더 순조롭게 돌아가게 하거나 그리스도인들이 더 안전하고 편안하게 살도록 돕기 위함이 아니다. 세상에 교회가 필요한 이유는, 교회가 없으면 세상은 세상이 어떤 곳인지, 하나님이 어떤 분이신지 알 수 없기 때문이다. 세상이 자신이 구원받고 있다는 사실을 알 수 있는 유일한 방법은 교회가 구원받은 백성으로서 구세주를 가리켜 보여 주는 것이다. 세상이 자신이 망가지고 타락하여 구원받아야 한다는 사실을 알 수 있는 방법은 교회가 세상과는 다른 대안을 제시하여 세상이 그 대안에 강력히 반응하도록 돕는 것이다.

그런 '대비되는 모델'이 없다면 세상은 생존을 위해 권력에 의존하는 것이 얼마나 이상한지를 알고 느낄 방법이 없다. 그리스도의 이야기로 형성된 공동체가 존재하는 덕분에 세상은 개인의 재능과 다양성의 성장에 헌신된 사회가 된다는 것이 무슨 의미인지 알 수 있다. 그런 공동체에서는 타인의 다름을 위협으로 여기지 않고 선물로 반길 수 있다.

교회에 대한 놀라운 사실은, 예수님의 이야기가 사람들 사이의 자의적이고 거짓된 장벽을 허물어뜨리는 근거를 제공한다는 것이다. 이 이야기는 타인을 하나님 나라의 동료 구성원으로 생각하라고 가르쳐 준다. 그런 생각은 관용이나 평등 같은 손쉬운 교리에 근거하지 않고, 예수님의 제자로 훈련받는 우리의 공통의 경험에서 나온다. 교회의 보편성은 예수님 이야기의 특이성과 그분의 이야기가 우리가 서로를 하나님의 백성으로 보도록 훈련한다는 사실에 근거한다. 그렇게 훈련받았기에 우리는 성도를 서로 갈라놓는 편협한 충성을 알아차리고 비판할 수 있다.

초기 그리스도인들처럼 우리도 '예수님의 삶을 이해하는 것'이 '우리 자신의 삶을 살아가는 법을 배우는 것'과 불가분의 관계임을 깨달아야 한다. 이는 우리가 예수님의 이야기가 지닌 무게를 기쁨으로 감당할 수 있는 사람들이 된다는 뜻이다. 첫 그리스도인들 못지않게 우리 역시 하나님의 통치로 가능해진 진리를 계속 이어 나가는 사람들이다. 복음에 신실하게 살아가려는 분투가 우리 각자의 삶에도 꼭 필요하다는 사실을 깨달을 때, 우리는 이 진리를 삶 속에서 이어 간다.

나는 다른 사람들이 예수님의 제자로 부르심을 받은 다양한 방식을 보면서 나 자신의 이야기를 이해한다. 우리가 이렇게 서로 돕는다면, 초기 그리스도인들이 그들 신앙의 현실성에 대해 도전받았을 때처럼 우리도 이렇게 말할 수 있을 것이다. "그러나 우리가 서로 얼마나 사랑하는지 보십시오."

교회는 우리가 사회의 가능성과 한계를 인식하게 해주는 해석과 식별 기술을 개발하는 데 필요한 공간과 시간을 제공한다. 그런 기술을 개발하면서 교회와 그리스도인은 사회의 정치에는 개입하지 않고 교회라는 조직에 참여해야 한다. 오늘날 세속 조직에서 기독교 사회 윤리가 맞닥뜨리는 도전은 다른 시대나 장소와 크게 다르지 않다. 두려움이 아닌 진리에 근거한 사회를 형성하는 것이야말로 언제나 그리스도인의 사회적 과제다.

그래서 낙태 같은 문제에 대한 우리의 반응은 공동체적이고 사회적이며 정치적이지만, 철저히 교회적이다. 마치 세례 문제와도 같다. 한 사람이 세례를 받을 때 교회는 그 사람을 새 식구로 입양한다. 따라서 우리는 임신한 10대 청소년에게 "낙태는 죄고, 이건 네 문제야"라고 말해서는 안 된다. 그것은 우리의 문제다. 그 사람처럼 평범한 사람이 예수님이 요구하신 그런 제자가 되려면 우리가 어떤 종류의 교회가 되어야 하는지 자문해야 한다.

더 중요한 것은, 우리 공동체에 그 사람이 있다는 사실이 교회가 진정한 교회가 될 수 있는 놀라운 기회를 제공한다는 점이다. 이 기회를 통해 우리는 교회의 신조를 정직하게 점검하고 그 신조에 충실하게 살아가고 있는지 스스로 돌아볼 수 있다. 우리는 그 사람을 단지 시급히 해결해야 할 사회 문제로 보지 않는다. 그렇게 함으로써 우리 자신이 그 사람에 대한 책임을 회피하거나, 그 사람을 위해 희생해야 할 필요성을 정부 지원 같은 방식으로 대신하려 하지 않는다(우리 공동체가 믿고 따르는 이야기는 정부 지원을 통해 책임과 희생을 피하라고 가르치지 않고, 오히려 그것을 마땅히 감당하라고 가르치기 때문이다). 오히려 우리는 그 사람을 하나님이 보내신 선물로 볼 수 있는 은혜로운 눈을 받았다. 이를 통해 우리 같은 평범한 사람들이 교회를 그리스도의 몸으로 깨닫게 된다.

우리 그리스도인이 이 골칫거리 사회에 제공해야 할 가장 흥미롭고도 창의적인 정치적 해결책이 있다면, 그것은 새로운 법도, 정책 입안자들에 대한 조언도, 사회 프로그램을 위한 기금 마련도 아니다. 물론 때로는 이런 방법으로 후원할 수도 있다. 그러나 우리가 제공해야 할 가장 창의적인 사회적 전략은 바로 교회가 되는 것이다. 여기서 우리는 사회적 강제나 정부의 조치로는 절대 이룰 수 없는 삶의 방식을 세상에 보여 준다. 세상이 아닌 다른 곳, 곧 하나님이 낯선 사람들로 가족을 이루시는 곳을 보여 줌으로써 세상을 섬긴다.

The Politics of Witness

23

세속 정치 질서를 뛰어넘는 예수의 왕권

예수께서 대답하시되
내 나라는 이 세상에 속한 것이 아니니라
만일 내 나라가 이 세상에 속한 것이었더라면
내 종들이 싸워 나로 유대인들에게
넘겨지지 않게 하였으리라
이제 내 나라는 여기에 속한 것이 아니니라.

⫽ 요한복음 18장 36절

"내 나라는 여기에 속한 것이 아니니라." 이보다 더 큰 분란을 불러일으킨 성경 구절이 또 있을까? 예를 들면, 우리는 이 말씀을 예수님이 종교와 정치를 구분하셨다는 뜻으로 이해하곤 한다. 그렇게 함으로써 종교와 정치는 섞여서는 안 된다는 우리의 생각을 정당화하는 것이다.

어떤 사람들은 예수님의 나라가 이 세상에 속하지 않았다는 주장을 근거로, 그분을 정교분리에 기반한 민주주의 사회 질서의 창시자라고까지 주장한다. 만약 그렇다면 미국은 예수님과 빌라도의 대결에서 맺어진 열매이므로 우리는 미국을 두고 하나님께 감사하는 것이 적절할 것이다.

하지만 나는 미국이 예수님을 왕으로 인정하지 않으려는 한, 예수님이 이러한 생각에 문제가 많다고 생각하실 것이라고 말해야겠다. 현재의 우리로서는, 우리가 예수님 앞에 빌라도와 함께 서 있다는 사실을 깨닫기 어렵다. 우리는 우리에게 어떤 왕도 필요 없다고 생각하기 때문이다. 결국 미국은 국민이 다스리는 체제를 선택하여 왕정을 폐지하지 않았는가? 미국인들은 자신들을 다스릴 왕을 원치 않았기에 미국 독립 혁명이 정당하다고 초등학교 때부터 배워 왔다. 왕정은 결국 우리같이 계몽되고 이성적인 사람들이 이미 버리고 떠난, 자의적이고 낡은 통치 형태일 뿐이다. 우리는 우리가 선택한 대표자를 통해 표현되는 '우리 자신'의 통치만 받는 사람들이다.

물론 여기에도 사소한 문제가 하나 있기는 하다. 예수님은 민주적으로 선출된 우리의 지도자가 되기를 원치 않으시기 때문이다. 실제로 주님은 우리에게 그분을 선택할 권한이 없다고 단호하게 주장하신다. 오히려 그분이 우리를 선택하신다. 주님은 다윗의 왕위를 물려받으신 분이다. 더군다나, 다윗은 백성이 아니라 하나님이 선택하신 왕, 어느 모로 보나 완벽한 왕이었다. 이스라엘의 왕정은 끝났지만, 예수님은 다시금 왕의 역할을 주장하셨다. 다른 점이 있다면, 이제 그분은 이스라엘뿐 아니라 모든 창조 세계의 왕이시라는 것이다(골 1:15-17).

예수님이 분명 왕이시라는 사실은 안타깝게도, 민주주의 사회의 사람들에게 이 명백한 사실을 어떻게 회피할 수 있는지 설명하려는 수많은 얄팍한 설교들을 낳았다. 그리하여 우리는 예수님이 왕이시라는 말은 그분이 우리 마음의 주인이시거나 우리가 하나님께 궁극적인 충성을 바쳐야 한다는 뜻이라는 설교들을 듣게 되었다. 그런 주장에 문제가 있다면, 예수님이 우리 마음의 주인이시며 궁극적인 충성의 대상이라는 말이 무슨 뜻인지를 우리가 모른다는 것이다.

예수님이 그분의 왕권을 주장하면서 고작 각 사람의 마음만 다스리기를 원하셨다면, 왜 그분은 죽임을 당하셨을까? 빌라도가 직접 언급했듯이, 예수님은 왕이시기에 죽으셨다. 이 말은 그분이 황제의 적이기에 마땅히 죽어야 한다는 뜻이었다. 빌라도는 황제의 신하로서 마땅히 해야 할 본분을 다했다. 그래서 예수님이 돌아가실 때 히브리어, 라틴어, 헬라어로 "유대인의 왕"이라고 적힌 명패를 그 위에 달았다. 만백성을 다스린 왕 말이다.

가이사는 언제나 전부를 원한다. 가이사가 대중을 다스리고 하나님은 우리의 사생활을 다스리신다고 생각하면서 공사를 구분하는 것은 아무 의미가 없다. 그런 구분은 우리가 이 세상 통치자들에게 얼마나 철저하게 지배받고 있는지를 감추려는 장치에 불과하다.

우리가 '세상'을 어떻게 이해하느냐에 모든 것이 달려 있다는 사실에 주목하자. 우리는 앞 문장은 지나치고 "내 나라는 여기에 속한 것이 아니니라"라는 말씀만 읽을 때가 너무 많다. 예수님은 말씀하신다. "만일 내 나라가 이 세상에 속한 것이었더라면 내 종들이 싸워 나로 유대인들에게 넘겨지지 않게 하였으리라 이제 내 나라는 여기에 속한 것이 아니니라"(요 18:36). 예수님은 그분의 통치를 부인하시지 않는다. 그 나라는 폭력으로 승리하는 나라가 아니라고 말씀하시지만, 그렇다고 해서 그 나라가 왕국이 아닌 것은 아니다.

예수님이 그분을 따르는 이들에게 하나님 나라를 지키려고 칼을 사용해서는 안 된다고 선언하셨다고 해서 그분이 정치적이지 않은 것은 아니다. 하지만 그들이 칼을 사용하지 않는다면 어떤 무기를 사용할 수 있을까? 초기 교회는 그리스도의 주 되심이라는 복음을 전파하기 위해 어떤 무기를 사용했는가? "빌라도가 이르되 그러면 네가 왕이 아니냐 예수께서 대답하시되 네 말과 같이 내가 왕이니라 내가 이를 위하여 태어났으며 이를 위하여 세상에 왔나니 곧 진리에 대하여 증언하려 함이로라 무릇 진리에 속한 자는 내 음성을 듣느니라 하신대"(요 18:37). 진리가 우리의 무기다. 진리는 칼의 정치를 대신할 유일한 대안이다.

\\\\\\\\\

교회가 자유로이 예배하고 복음을 선포하는 것은 좋은 일이지만, 그 자유는 교회가 실제로 하나님의 대안을 드러낼 때만 의미가 있다. 우리는 사회가 우리의 자유를 인정할 정도로 흥미로운 존재인가? 문제는 교회에 복음을 전할 자유가 있느냐 없느냐가 아니라, 복음을 진리로 선포하고 국가를 거부할 능력이 있느냐다. 어떤 나라도, 특히 민주주의 국가라 해도 헌법만으로는 견제될 수 없다. 오히려 하나님에 대한 충성심을 타협하라고 끝없이 요구하는 그 뿌리 깊은 유혹에 도전할 상상력과 용기를 지닌 국민이 국가의 권력을 제한한다.

우리는 민주주의가 그리스도인의 자유를 지켜 준다고 가정해서, 민주주의 국가가 여전히 짐승의 머리를 뒤집어쓴 국가라는 사실을 놓칠 수 있다. 민주주의 사회와 국가는 전체주의 사회와 국가 못지않게 우리 양심에 무기를 들고 살인하라고 명령할 권리를 지니고 있다.

이런 면에서, 민주주의는 특히 기독교에 미묘한 유혹이 되었다. 그리스도인들은 '자유'를 위해 싸우라고 할 때처럼 기꺼이 사람을 죽인 적이 없었다. 오늘날의 그리스도인들이 맞닥뜨린 가장 중요한 도전은 민주주의 국가도 여전히 국가이며, 여러 방식으로 하나님에 대한 충성을 그에 미치지 못하는 다른 충성으로 바꾸도록 우리에게 요구한다는 점을 기억하는 것이다.

우리 그리스도인은 자유를 추구하는 것이 아니라, 주님의 신실한 제자가 되고자 한다. 우리 주님은 국가에 의한 죽음을 피하려고 폭력을 취하지 않으셨다. 억압적인 정권이 하나님 나라를 선포하는 그분의 권한을 막을 수 없었듯이, 우리 그리스도인도 그 어떤 세상 권력도 우리가 하나님의 평화의 나라에 충실하게 사는 것을 막을 수 없다고 믿는다. 세상 권력이 우리 목숨을 앗아 갈 수는 있지만, 예수님의 죽음이 그랬듯 우리의 죽음마저도 하나님께 드리는 헌신을 빼앗아 갈 수는 없다.

The Politics of Witness

24

탈기독교 세계에서의 기독교 정치

내가 아버지의 말씀을 그들에게 주었사오매
세상이 그들을 미워하였사오니
이는 내가 세상에 속하지 아니함같이
그들도 세상에 속하지 아니함으로 인함이니이다
내가 비옵는 것은 그들을 세상에서 데려가시기를 위함이 아니요
다만 악에 빠지지 않게 보전하시기를 위함이니이다
내가 세상에 속하지 아니함같이
그들도 세상에 속하지 아니하였사옵나이다
그들을 진리로 거룩하게 하옵소서
아버지의 말씀은 진리니이다.

// 요한복음 17장 14-17절

기독교 정치는 이제 사회적 행동주의(social activism)를 의미하게 되었다. 보수적 그리스도인과 진보적 그리스도인은 진정한 기독교적 사회 의제가 구체적으로 무엇인지를 두고 의견을 달리할 수 있지만, 민주주의 권력을 책임 있게 사용하여 세상을 더 나은 곳으로 만들어야 한다는 데는 의견을 같이한다.

'거듭난' 신앙인과 '가족 중심'(pro-family) 가치를 지지하는 사람들이 권력을 잡기를 바라는 이들이 있다. 그들은 세속적 인본주의에 맞서기 위해 공립학교에서 반드시 기도를 해야 한다고 주장한다. 반면, 정부가 군사력을 절제되고 인도적인 방식으로 사용해 우리의 생계를 지켜야 하며, 동시에 입법자들이 경제적 경쟁의 장을 공정하게 만들도록 압박해야 한다고 촉구하는 이들도 있다.

사회적 정의를 내세우든 생명의 존엄성을 내세우든, 행동하는 그리스도인들은 자신의 신앙을 공적 영역에 적용하기 원한다. 하지만 그 과정에서 그리스도에 대한 믿음은 불필요해진다. 모든 사람이 하나님을 믿지 않을 때조차도 평화와 정의는 누구나 믿기 때문이다.

기독교 윤리를 단지 정부가 법을 제정하게 하거나 세금을 쓰도록 압박하는 방식으로만 추진하려 할 때마다, 우리는 교회의 근본적인 공동체성을 제대로 구현하지 못하는 셈이다. 실제로 오늘날 기독교의 사회적 관심사로 통하는 것들은 대부분 교회로서 존재하기를 포기한 교회가 보여 주는 사회적 관심사에 불과하다. 설교, 세례, 증언을 통해 눈에 보이는 신앙 공동체를 형성하지 못하는 우리는 그 대체물인 가짜 기독교 윤리 활동에 만족한다. 예를 들어, 진보 혹은 보수 진영 정책을 지지해 달라고 국회의원들에게 로비를 하거나, 인종차별, 무분별한 성생활, 폭력을 조금씩만 줄여 달라고 사회에 요청하는 식이다. 우리는 복음이 세상에 존재하기 위해서는, 세상의 사회·정치 제도를 통해 우리의 신념을 지지하도록 요청하고, 필요하다면 압박하는 수밖에 없다고 간주한다. 그러나 그 결과는 복음의 진척이 아니라 시민 종교다.

오늘날 그리스도인들은 선한 자본주의자이면서도 가난한 자들에게 관심 있는 사람이 되고 싶어 한다. 그리고 둘 다 될 수 있는 최선의 방법은 경제를 더 잘 배워서 우리 경제 체제를 좀 더 정의롭게 만드는 것이라고 믿는다. 그 결과, 기독교가 정의를 요구할 때조차 현재의 시장 체제를 불가피한 것으로 전제하게 된다. 우리는 진심을 다해 경제를 발전시키려고 애쓰면서 가난한 사람들이 자기 몫을 받게 되기를 기대한다. 하지만 그럴 때 정의란 결국 우리가 우리 삶을 지배하는 경제적 사고방식과 관행을 가난한 사람들에게도 똑같이 적용함으로써 그들을 돕는다는 환상에 스스로 위로를 삼는 방식이 되고 만다. 우리는 자본주의와 그것을 불가피하게 만드는 경제학이야말로 바울이 말한 정의의 하나님 나라를 무너뜨리는 권세들, 곧 "세상의 초등학문"(골 2:8)일 수 있다는 가능성 자체를 상상하지 못한다.

\\\\\\\\\\

사람들이 보수적 그리스도인들의 정치적 의제가 세속 보수주의자들의 정치 의제와 너무나도 비슷해 보이고, 진보적 그리스도인들은 세속 진보주의자들과 같은 사회적 입장을 지지한다고 불평하는 것은 매우 타당하다. '세상 속'에 존재하기 위해, 적실성을 잃지 않고 주목받으려 애쓰는 과정에서 교회는 '세상에 속한' 존재가 되어 버렸다. 이제 교회는 모호한 종교적 색채만을 살짝 띤 관습적인 정치적 견해를 따분하게 주장하는 존재가 되었다.

좌파든 우파든 정치 신학은 대체로 기존 사회 질서를 유지하며, 그 안에서 교회는 때로 불평하기도 하지만 결국에는 국가를 돕는 유익한 버팀목으로 자신을 정당화한다. 교회는 대안을 제시하기보다, 하나님 나라를 세상에 진척시키는 그분의 비전이 기존 권력에 달려 있다고 간주한다.

여기서 기독교 세계가 저물어 가는 것은 교회에 유익하다. 공공 광장에서 기독교가 사라진 것을 오늘날 많은 사람이 한탄하지만, 사실은 국가의 여러 버팀목 중 하나로 국가에 봉사하려 할 때는 할 수 없는 방식으로 복음의 진리를 선포하고 보여 줄 자유를 되찾을 기회가 된다. 그리스도인들이 더 넓은 사회에서 지위와 권력을 잃을 때 그 상실이 우리에게 자유를 줄 수 있다. 더는 잃을 게 없기에 예수님이 우리에게 원하시는 삶을 기꺼이 살 수 있다. 통제하려 하거나, 통제 수단을 사용하려는 유혹을 받지 않아도 된다.

진리는 중요하다. 우리는 진리의 사람들이 되어야 한다. 우리를 그리스도인으로 만드는 진리는 우리가 민주주의든 아니든 그 어떤 사회 질서에서도 환영받을 운명이 아닌 백성이라는 의미다. 오해하지 말라. 나는 사회 조직이나 정치 조직 중에 더 나은 형태나 더 나쁜 형태가 없다고 말하는 것이 결코 아니다. 하지만 그리스도인들은 자신들이 믿는 바가 사실이라고 믿는 사람들이다. 그런 사람들은 '민중이 말하는 것'만이 진리라는 전제를 바탕으로 세워진 정권과는 때때로 충돌할 수밖에 없다.

기독교는 적이 없이는 이해할 수 없는 종교다(딤후 3:12). 실제로 기독교의 핵심은 제대로 된 적을 만드는 것이다. 우리는 기독교가 사회에 어느 정도 자리 잡은 지위에 안주한 나머지, 그리스도인이 된다는 것은 여러 군대에 맞서는 군인이 되어야 한다는 사실을 잊고 말았다. 황제가 교회 안으로 들어오면서 적은 내부로 들어왔다. 우리의 문제는 더는 교회가 정치 질서에 위협으로 여겨진다는 것이 아니다. 이제 우리의 싸움터는 교회 안이다.

예수님은 주님이시다. '주'(Lord)는 민주주의적 호칭이 아니다. 우리가 예배하고 순종하는 분에 대한 참된 명칭이다. 우리는 예수님이 주시라는 진리를 증언할 권세를 받았다. 이 진리는 아무나 알 수 있는 보편적인 진리가 아니다. 예수님의 증인만이 알 수 있는 진리다. 그렇기에 기존 질서에 대한 심오한 도전이다. 기존 질서는 '진리는 모두에게 열려 있어야 한다'는 가정 위에 세워져 있기 때문이다.

그리스도인들은 단순히 '아무나'가 아니다. 우리는 예수님이 미움을 받고 심지어 죽음을 맞을 수도 있다고 하신 사람들이다. 그런데 예수님이 정말 그분이 말씀하신 분이라면, 우리에게 다른 선택지가 있을까? 결국 우리가 예수님을 선택한 것이 아니라, 그분이 우리를 선택하신 것이다.

The Politics of Witness

25

그리스도가 만드신 차이

각 사람은 부르심을 받은 그 부르심 그대로 지내라
네가 종으로 있을 때에 부르심을 받았느냐 염려하지 말라
그러나 네가 자유롭게 될 수 있거든 그것을 이용하라
주 안에서 부르심을 받은 자는 종이라도 주께 속한 자유인이요
또 그와 같이 자유인으로 있을 때에 부르심을 받은 자는
그리스도의 종이니라
너희는 값으로 사신 것이니 사람들의 종이 되지 말라
형제들아 너희는 각각 부르심을 받은 그대로
하나님과 함께 거하라.

// 고린도전서 7장 20-24절

종에 대한 바울의 언급은, 그가 고린도 교회에 건넨 전반적인 권면의 흐름 속에서 나온 것이다. 즉, 그리스도인이 되었다고 해서 삶의 자리를 근본적으로 바꿔야 하는 것은 아니라는 가르침이다. "각 사람은 부르심을 받은 그 부르심 그대로 지내라." 딱히 혁명적인 교리는 아니다. 기독교가 억압받는 자들에게 자기 위치에 만족하고 내세의 소망에 집중하라고 말한다며 비판하는 사람들이 옳은 건 아닐까?

물론 바울은 종들에게 자유로워질 기회가 생기면 그 기회를 잡으라고 말한다. 또 주 안에서 부르심을 받은 사람은 종일지라도 주께 속한 자유인이며, 자유인으로 있을 때 부르심을 받은 사람은 이제 그리스도의 종이라고 말한다. 하지만 이런 말들이 그렇게 기쁜 소식으로 들리지 않는 것도 사실이다. 오네시모는 여전히 빌레몬의 종이다. 빌레몬은 이제 그리스도의 종이고, 오네시모는 그리스도 안에서 자유인일지 모르지만, 그 자유나 종 됨이 외적으로는 아무 변화도 일으키지 못한다면, 그것이 무슨 의미가 있겠는가?

부르심을 받은 그 부르심 그대로 지내라는 바울의 '원칙'은 복음을 정신적 의미로만 해석하여 권력자들에게만 좋은 소식이 되는 것처럼 보인다. 예를 들어, 나는 권력자들, 곧 부유하거나 사회적·정치적 지위를 가진 사람들에게 그들이 진정 그리스도의 종이라고 말해 주는 것이 무슨 유익이 있을지 잘 모르겠다.

이 땅에서 아무런 차이를 만들지 못하는 기독교는 많은 사람에게 거부감을 준다. 우리가 그리스도인으로서 믿는 것이 진실인지 확신하지 못한다 해도, 적어도 기독교가 진보적인 도덕적 가치를 대표한다는 점은 주장할 수 있어야 하지 않을까? 우리는 교회가 변화를 만들어 내기를 바란다. 그런데 주일마다 교회에서 드리는 예배와 활동이 우리의 삶을 옥죄는 불의를 끝내기 위해 힘쓰도록 동기를 부여하지 못한다면 무슨 유익이 있겠는가? 각 사람은 부르심을 받은 그 부르심 그대로 지내라는 바울의 권면은 우리가 교회를 통해 기대하는 변화와는 거리가 먼 이야기처럼 들린다.

하지만 이러한 우리의 생각은 우리와 바울의 생각의 간극을 깨닫게 해 줄 뿐이다. 바울은 교회가 변화를 만들어야 한다고 생각하지 않는다. 오히려 바울은 그리스도인들이 '그리스도가 만드신 차이'의 관점에서 사는 법을 배워야 한다고 본다. 마가복음은 그 차이를 아주 분명하게 밝힌다.

"요한이 잡힌 후 예수께서 갈릴리에 오셔서 하나님의 복음을 전파하여 이르시되 때가 찼고 하나님의 나라가 가까이 왔으니 회개하고 복음을 믿으라 하시더라"(막 1:14-

15). 하나님이 인간의 시간으로 들어오셔서 때를 구속하셨기에 세상이 뒤집혔다. 그 차이의 이름은 예수님이시다. 그 차이, 그 이름은 이 세상의 왕좌와 권세에 도전한다. 게다가 세상 권세들은 자기들이 공격받고 있음을 안다. 그렇지 않다면 왜 요한이 감옥에 갇혔겠는가? 왜 바울은 옥중에서 빌레몬에게 편지를 썼겠는가? 왜 마틴 루터 킹 주니어는 버밍햄 감옥에서 편지를 썼겠는가? "회개하고 복음을 믿으라"라는 말씀은 예수님이 '죽음과 타인에 대한 우리의 두려움'에서 힘을 얻는 이 세상 권세들을 위기에 빠뜨리는 운동을 시작하셨다는 급진적인 선포다.

그리스도가 만드신 차이는 곧 바울이 고린도 사람들에게 각자 부르심을 받은 그 부르심 그대로 지내라고 말할 때 기정사실로 간주한 차이다. 그들이 각자 부르심을 받은 위치에 그대로 남아 있을 수 있는 이유는 아무런 변화가 없어서가 아니라, 모든 것이 변했기 때문이다. 바울이 고린도 사람들에게 이렇게 상기시킨 점에 주목하자. "너희는 값으로 사신 것이니 사람들의 종이 되지 말라 형제들아 너희는 각각 부르심을 받은 그대로 하나님과 함께 거하라"(고전 7:23-24). "형제들"이라니? 바울은 그들이 서로 형제요 자매임을 일깨워 준다. 이제 그들은 새로운 가족의 구성원이다.

"형제들"이란 표현은 때가 찼다는 예수님의 선언으로

새로운 현실이 가능해졌다는 뜻이다. 그 새로운 현실의 이름이 '교회'다. 성령의 역사를 통해 예수님이 하신 일과 어떻게 그 일이 모든 것을 바꾸는지를 세상이 알 수 있도록 시공간을 초월하여 한 백성이 존재하게 되었다. 통치자들과 권세들은 무력화되어, 실체가 없는 허수아비로 십자가 앞에 드러났다(골 2:15). 예수님을 따르는 우리가 현재 처한 상황에 머물 수 있는 이유는, 우리가 새로운 자유를 얻었기 때문이다. 바로 '지위와 권력의 허영'에 의해 움직이는 삶의 방식에서 우리를 구원하는 자유다.

그리스도인들은 의와 정의에 굶주리고 목마르지만, 그렇다고 해서 유토피아주의자는 아니다. 유토피아주의자와 이상주의자들은 자신의 이상을 달성하지 못하면 냉소주의자가 되기 쉽다. 그러면 이들은 좌절한 나머지 정당한 이유를 내걸면서 살인까지 저지르게 된다. 그리스도인들은 혁명가들이지만, 그 혁명은 이미 이루어졌고 우리가 그 혁명이라고 믿는다. 혁명은 비밀리에, 끈질기게, 소리 소문 없이 이루어진다. 국가가 우리에게 주는 지위와 관계없이 이루어진다. 그리고 바울의 말처럼, 자의로 이루어진다(몬 1:14).

우리는 하나님이 우리에게 하실 일, 우리와 함께 하실 일에 놀랄 준비가 되어야 한다. 우리는 주일 예배에 참석

해서 하나님 말씀을 듣고 식사나 같이 하면 된다고 생각할 지도 모르지만, 그리스도인이라는 이유로 우리도 모르는 사이에 감옥에 갇힐 수도 있다. 세례 요한과 바울이 그랬듯이, 예수 그리스도의 교회가 된다는 것은 우리를 곤경에 빠뜨릴 수 있다. 다시 한번 말하지만, 교회로 존재하는 것은 위험한 일일 수 있다. 형제자매여, 하나님으로 말미암아 '그리스도인이 된다는 것'은 우리가 상상하는 것보다 훨씬 더 흥미진진한 일이 될 수 있다.

Sources / 출처

이 책의 내용은 스탠리 하우어워스가 이전에 출판한 책들에서 가져왔지만, 이 책을 위해 저자가 직접 다시 썼다. 어떤 장은 여러 책의 내용과 설교, 새로운 생각을 하나의 글로 묶었다. 다음 참고 문헌은 각 장의 주요 출처를 표시한 것이다.

+ *In Conversation*, 107. 《스탠리 하우어워스와의 대화》(비아 역간).

PART 1

* 기도문. *Prayers Plainly Spoken*, 27. 《신학자의 기도》(비아 역간).

1. *Matthew*, 56-57; *The Peaceable Kingdom*, 73-74. 《마태복음》(SFC 역간); 《평화의 나라》(비아토르 역간).

2. "The Way of the Church" in *Preaching the Sermon on the Mount*, 42-43; *Matthew*, 140-141. 《마태복음》(SFC 역간).

3. *The Peaceable Kingdom*, 82-86. 《평화의 나라》(비아토르 역간).
4. *A Community of Character*, 44-52.
5. *Vision and Virtue*, 111-126.

PART 2

* 기도문. *Prayers Plainly Spoken*, 69. 《신학자의 기도》(비아 역간).
6. *Resident Aliens*, 86-92. 《하나님의 나그네 된 백성》(복있는사람 역간).
7. *Resident Aliens*, 83-86. 《하나님의 나그네 된 백성》(복있는사람 역간).
8. *Unleashing the Scripture*, 64-72; *Resident Aliens*, 74-77, 81-83. 《하나님의 나그네 된 백성》(복있는사람 역간).
9. *Matthew*, 66-73. 《마태복음》(SFC 역간).

PART 3

* 기도문. *Prayers Plainly Spoken*, 102. 《신학자의 기도》(비아 역간).
10. *Christian Existence Today*, 47-54.
11. *A Community of Character*, 145-147; *The Character of Virtue*, 51-58. 《덕과 성품》(IVP 역간).
12. *Truthfulness and Tragedy*, 132-143.
13. *The Truth About God*, 97-102; *Dispatches from the Front*, 182-183; "From Conduct to Character: A Guide to Sexual Adventure" in *Christian Perspectives on Sexuality and Gender*, 179-181. 《십계명》(복있는사람 역간).

PART 4

* 기도문. *Prayers Plainly Spoken*, 89. 《신학자의 기도》(비아 역간).
14. *Matthew*, 80-83, 129-130, 174-175; *The Truth About God*, 112-115. 《마태복음》(SFC 역간); 《십계명》(복있는사람 역간).

15. *Sanctify Them in the Truth*, 249-252.
16. *Lord, Teach Us*, 73-77.《주여, 기도를 가르쳐 주소서》(복있는사람 역간).
17. *Christianity, Democracy, and the Radical Ordinary*, 106-110; *A Cross-Shattered Church*, 97-98.《십자가 위의 예수》(새물결플러스 역간).

PART 5 ─────────

* 기도문. *Prayers Plainly Spoken*, 80.《신학자의 기도》(비아 역간).
18. *Christian Existence Today*, 89-97; "Peacemaking Is Political"; *Where Resident Aliens Live*, 42-45; *War and the American Difference*, 42-56.
19. *Matthew*, 109-110.《마태복음》(SFC 역간).
20. "Give Us Peace – But Not Yet"; "Peacemaking Is Political."
21. *Should War be Eliminated?*, 53-58.

PART 6 ─────────

* 기도문. *Prayers Plainly Spoken*, 45.《신학자의 기도》(비아 역간).
22. *A Community of Character*, 44-52, 74; *The Peaceable Kingdom*, 99-105; *Resident Aliens*, 81-83.《평화의 나라》(비아토르 역간);《하나님의 나그네 된 백성》(복있는사람 역간).
23. *Disrupting Time*, 58-61; *After Christendom*, 70-72; *Against the Nations*, 127-129.《교회의 정치학》(IVP 역간).
24. *Resident Aliens*, 37-39, 80-81; *Sanctify Them in the Truth*, 223-224; *Minding the Web, 262-263*; "Peacemaking Is Political."《하나님의 나그네 된 백성》(복있는사람 역간).
25. *A Cross-Shattered Church*, 99-104.《십자가 위의 예수》(새물결플러스 역간).

Bibliography / 참고문헌

Berkman, John, and Michael Cartwright, eds. *The Hauerwas Reader*. Duke University Press, 2001.

Fleer, David, and Dave Bland, eds. *Preaching the Sermon on the Mount: The World It Imagines*. Chalice, 2007.

Hauerwas, Stanley. *After Christendom: How the Church Is to Behave If Freedom, Justice, and a Christian Nation Are Bad Ideas*. Abingdon, 1999. 《교회의 정치학》(IVP 역간).

Hauerwas, Stanley. *Against the Nations: War and Survival in a Liberal Society*. Winston, 1985.

Hauerwas, Stanley. *The Character of Virtue: Letters to a Godson*. Eerdmans, 2018. 《덕과 성품》(IVP 역간).

Hauerwas, Stanley. *Christian Existence Today: Essays on Church, World, and Living In Between*. Labyrinth, 1988.

Hauerwas, Stanley. *A Community of Character: Toward a Constructive Christian Social Ethic*. University of Notre Dame Press, 1981.

Hauerwas, Stanley. *A Cross-Shattered Church: Reclaiming the Theological Heart of Preaching*. Brazos, 2009. 《십자가 위의 예수》(새물결플러스 역간).

Hauerwas, Stanley. *Dispatches from the Front: Theological Engagements with the Secular*. Duke University Press, 1994.

Hauerwas, Stanley. *Disrupting Time: Sermons, Prayers, and Sundries.* Cascade, 2004.

Hauerwas, Stanley. "Give Us Peace-But Not Yet." International Bible Advocacy Centre blog, March 23, 2021.

Hauerwas, Stanley. *Hannah's Child: A Theologian's Memoir.* Eerdmans, 2010. 《한나의 아이》(IVP 역간).

Hauerwas, Stanley. *In Good Company: The Church as Polis.* University of Notre Dame Press, 1995.

Hauerwas, Stanley. *Matthew.* Brazos, 2006. 《마태복음》(SFC 역간).

Hauerwas, Stanley. *Minding the Web: Making Theological Connections.* Cascade, 2018.

Hauerwas, Stanley. *The Peaceable Kingdom: A Primer in Christian Ethics.* University of Notre Dame Press, 1983. 《평화의 나라》(비아토르 역간).

Hauerwas, Stanley. "Peacemaking Is Political." *Plough Quarterly,* Spring 2021.

Hauerwas, Stanley. *Prayers Plainly Spoken.* InterVarsity Press, 1999. 《신학자의 기도》(비아 역간).

Hauerwas, Stanley. *Sanctify Them in the Truth: Holiness Exemplified.* Abingdon, 1998.

Hauerwas, Stanley. *Should War Be Eliminated? Philosophical and Theological Investigations.* Marquette University Press, 1984.

Hauerwas, Stanley. *Truthfulness and Tragedy: Further Investigations in Christian Ethics.* With Richard Bondi and David B. Burrell. University of Notre Dame Press, 1977.

Hauerwas, Stanley. *Unleashing the Scripture: Freeing the Bible from Captivity to America.* Abingdon, 1993.

Hauerwas, Stanley. *Vision and Virtue: Essays in Christian Ethical Reflection.* University of Notre Dame Press, 1981.

Hauerwas, Stanley. *War and the American Difference: Theological Reflections on Violence and National Identity.* Baker Academic, 2011.

Hauerwas, Stanley, and Romand Coles. *Christianity, Democracy, and the Radical Ordinary: Conversations between a Radical Democrat and a Christian.* Cascade, 2008.

Hauerwas, Stanley, and William H. Willimon. *Lord, Teach Us: The Lord's Prayer and the Christian Life.* Abingdon, 1996. 《주여, 기도를 가르쳐 주소서》(복있는사람 역간).

Hauerwas, Stanley, and William H. Willimon. *Resident Aliens: Life in the Christian*

Colony. Abingdon, 1989. 《하나님의 나그네 된 백성》(복있는사람 역간).

Hauerwas, Stanley, and William H. Willimon. *The Truth about God: The Ten Commandments in Christian Life*. Abingdon, 1999. 《십계명》(복있는사람 역간).

Hauerwas, Stanley, and William H. Willimon. *Where Resident Aliens Live: Exercises for Christian Practice*. Abingdon, 1996.

Stuart, Elizabeth, and Adrian Thatcher, eds. *Christian Perspectives on Sexuality and Gender*. Eerdmans, 1996.

Wells, Samuel, and Stanley Hauerwas. *In Conversation: Samuel Wells and Stanley Hauerwas*. Facilitated by Maureen Knudsen Langdoc. Church Publishing, 2020. 《스탠리 하우어워스와의 대화》(비아 역간).